1석3조
VOCA

1석3조
VOCA

ⓒ 쎄라 강, 2014

초판 1쇄 2014년 5월 30일 찍음
초판 1쇄 2014년 6월 5일 펴냄

지은이 | 쎄라 강
펴낸이 | 이태준

기획·편집 | 박상문, 안재영, 박지석, 김환표
디자인 | 이은혜, 최진영
마케팅 | 박상철
인쇄·제본 | 대정인쇄공사

펴낸곳 | 북카라반
출판등록 | 제17-332호 2002년 10월 18일

주소 | (121-839) 서울시 마포구 서교동 392-4 삼양E&R빌딩 2층
전화 | 02-486-0385
팩스 | 02-474-1413
www.inmul.co.kr | cntbooks@gmail.com
ISBN 978-89-91945-67-8 03740
값 12,000원

이 도서의 국립중앙도서관 출판시도서목록(CIP)은 서지정보유통지원시스템 홈페이지
(http://seoji.nl.go.kr)와 국가자료공동목록시스템(http://www.nl.go.kr/kolisnet)에
서 이용하실 수 있습니다.

1석3조
VOCA Vocabulary

명언으로
영단어 · 영작문 ·
교양을 잡는다

쌔라 강 편저

북카라반
CARAVAN

그간 한국 사회를 뜨겁게 달군 '영어 열풍' 덕분에 국내에도 영어를 잘하는 사람이 정말 많아졌다. 그래서 나온 말이 "이젠 영어만 잘해선 안된다"다. 그런데 영어를 잘한다는 건 과연 무슨 말인가? 어느 정도 잘해야 잘하는 거라고 할 수 있는 걸까?

입장을 바꿔놓고 생각해보자. 한국엔 한국어를 잘하는 사람이 엄청나게 많다. 아니 전 국민이 다 한국어를 잘한다. 속된 말로, 거지도 한국어를 잘한다. 그러나 우리끼린 그런 식으로 말하지 않는다. "그 사람 말을 참 잘해"라고 했을 땐, 한국어를 잘한다는 뜻이 아니라 말을 조리있고 고급스럽고 품위있게 잘한다는 걸 의미한다. 즉, 한국어를 잘하는 사람들 사이에서도 누가 더 말을 잘하느냐는 걸 따지는 것이다.

이제 우리의 영어 말하기도 그 수준에 도달했다고 보아야 하지 않을까? 영어로 대충 의사소통하는 걸 잘한다고 하는 게 아니라, 무식한 영어권 사람들보다 영어를 조리있고 고급스럽고 품위있게 잘하는 걸 잘한다고 해야 되지 않겠느냐는 것이다. 이런 문제의식을 갖고 우리의 영어 공부 풍경을 살펴보면 아쉬운 게 하나둘이 아니다.

무엇보다도 영어 공부가 단순히 영어만을 공부하는 기능적인 수준에 머물고 있다. 영어권 학생들이 그 시간에 풍부한 교양을 쌓는 동안에 우리는 별 내용도 없는 영어 문장만 훈련하고 있으니 개인은 물론 국가적으로도 이만저만 손해가 아니다.

영어 단어도 익히면서 영작문 공부를 하는 동시에 다양한 교양을 잡는, 즉 일석삼조一石三鳥의 공부법은 없을까? 이 책은 그런 문제의식으로 기획되었고 집필되었다. 세계적인 유명인들이 남긴 영어 명언名言, 격언, 속담 등에 대한 공부를 통해 그 세 가지를 한꺼번에 잡아보자는 것이다.

이 책에 키워드로 실린 단어는 모두 750개다. 각 키워드가 들어간 문장의 출처는 일일이 미주尾註를 달아 밝혔으며, 출처 표시가 없는 문장은 미국에서 발행된 10여 종류의 인용 사전Quotation Dictionary에서 발췌한 것들이다. 새로운 영어 단어를 외울 땐 수많은 뜻 가운데 중요한 것 위주로 선택과 집중이 필요하다. 그래서 이 책은 각 단어의 여러 뜻 가운데 대표적인 것 3~4가지만 소개했다. 발음 표시도 미국식 발음 위주로 했는데, 그건 영국인은 미국 대중문화의 위력 때문에 미국 발음을 알아들어도 미국인은 영국 발음을 모를 수 있다는 현실적 이유에서였다.

대학에서 영어 교육학을 전공한 후 영어 강사로 일하면서 처음 내놓는 책이지만, 단순한 편저자의 역할일 뿐이거니와 자료 수집에서도 많은 분의 도움을 받았다. 그분들과 이 책을 선뜻 내주기로 한 인물과사상사에 깊이 감사의 말씀을 드린다. 모쪼록 독자들께서 이 책을 통해 영단어·영작문·교양이라고 하는 세 마리 새를 한꺼번에 잡기를 기대한다.

2014년 5월
쌔라 강

차례

abasement
[əbéismənt]

자기 비하, 굴욕, 불명예

Abasement: A decent and customary mental attitude in the presence of wealth or power. Peculiarly appropriate in an employee when addressing an employer.

자기 비하: 재력이나 권력 앞에서 드러내 보이는 습관적이고 바람직한 마음가짐. 특히 고용인이 고용주에게 말을 걸 경우에 어울린다.

➔ 미국 독설가 앰브로즈 비어스Ambrose Bierce, 1842~1914가 『악마의 사전』에서 내린 정의다.[1]

abdicate
[æbdəkèit]

퇴위하다, 물러나다, 포기하다, 양위하다

When Harvard speaks, the world listens. I feel the one real domain for leadership in the 21st century is the universities because the political arena has abdicated its responsibilities. 하버드가 말하면 세상이 경청합니다. 저는 21세기 리더십의 한 실제적 영역이 대학이라고 느낍니다. 정치 영역은 그 책임을 방기했으니까요.

➜ 라니 기니어Lani Guinier, 1950~가 1998년 흑인 여성으론 최초로 하버드 법대 정년보장 교수가 된 것과 관련, 『뉴욕타임스』 1998년 1월 24일자 인터뷰에서 한 말이다.[2]

absurdity
[æbsə́ːrdəti]

부조리, 불합리, 모순, 어리석은 일

Every absurdity has a champion to defend it, for error is always talkative. 어리석은 일일수록 그걸 옹호하는 대변자가 있기 마련이다. 과오엔 늘 많은 변명이 따르기 마련이니까.

➜ 영국 작가 올리버 골드스미스Oliver Goldsmith, 1730~1774의 말이다.

absurdity는 absurd(우스꽝스러운, 터무니없는)의 명사형이지만, absurd만으로도 absurdity의 뜻을 갖는다. 이른바 '부조리극Theatre of the Absurd'과 같은 형식으로 말이다. 부조리극은 인간존재의 부조리성과 내면적 진실을 포착하는 것을 목표로 한 연극운동으로 1960년대에 프랑스를 중심으로 시작되었다.[3]

abundance
[əbʌ́ndəns]

풍부, 풍요, 부유

Abundance, like want, ruins many. 부유도 가난처럼 많은 사람을 망친다.

The test of our progress is not whether

we add more to the abundance of those who have much; it is whether we provide enough for those who have little. 많이 가진 자들의 풍요에 더 보태주느냐 그렇지 않느냐가 아니라 거의 갖지 못한 자들이 일어설 수 있게끔 해주느냐 해주지 못하느냐에 진보의 성패가 달려 있다.

→ 미국 제32대 대통령 프랭클린 루스벨트Franklin Delano Roosevelt, 1882~1945의 말이다.

abundance는 abundant(풍부한)의 명사형이다. 『새로운 미래가 온다』의 저자인 미국 미래학자 대니얼 핑크Daniel H. Pink는 "미래는 3A가 지배하는 시대"라고 했다. 3A는 자동화Automation, 풍요 Abundance, 아시아Asia다.[4]

abuse
[əbjúːz]

남용, 오용, 학대, 욕설

The difference between coarse and refined abuse is the difference between being bruised by a club and wounded by a poisoned arrow. 거친 욕과 세련된 욕의 차이는 몽둥이로 맞아 멍이 드는 것과 독화살을 맞아 부상당하는 것의 차이이다.

→ 영국 작가 새뮤얼 존슨Samuel Johnson, 1709~1784의 말이다.

최근 심각한 사회문제로 대두되고 있는 아동학대兒童虐待는 child abuse라고 한다.

accomplish
[əkάmpliʃ]

완수하다, 성취하다, 해내다

To accomplish great things, we must not only act, but also dream, not only plan, but also believe. 위대한 일을 이루려면 행동할 뿐만 아니라 꿈을 꿔야 하며, 계획할 뿐만 아니라 믿어야 한다.

→ 프랑스 시인 아나톨 프랑스Anatole France, 1844~1924의 말이다.

accomplish의 명사형은 accomplishment(성취)인데, 최근엔 IQ(Intelligence Quotient: 지능지수)의 한계를 보완하기 위해 '성취지수成就指數: accomplishment quotient'라는 개념이 주목을 받고 있다. 성취지수는 학교에서 교육받은 학생이 개개인의 능력에 상응하는 학습 효과를 얻었는지를 알기 위한 지표로 사용한다.[5]

accretion
[əkríːʃən]

축적, 누적

The most successful men in the end are those whose success is the result of steady accretion. 꾸준한 발전을 통해 성공할 때에 결국 가장 성공한 사람이 될 수 있다.

→ 전화를 발명한 알렉산더 그레이엄 벨Alexander Graham Bell, 1847~1922의 말이다.

achieve
[ətʃíːv]

달성하다, 성취하다, 성공하다

Only those who dare to fail greatly can ever achieve greatly. 크게 실패하는 걸 겁내지 않는 사람만이 크게 성취할 수 있다.

→ 미국 제35대 대통령 존 F. 케네디의 동생인 로버트 케네디Robert F. Kennedy, 1925~1968의 말이다.

achieve의 명사형은 achievement(업적, 성취, 달성)이며, achievement test는 '학력검사學力檢查', achievement gap은 계층 간 소득수준에 따라 학력 차이가 벌어지는 '학력격차學力隔差'를 뜻한다.

acquainted
[əkwéintid]

사귀게 된, 알고 있는, 지식이 있는

Avarice and happiness never saw each other. How then should they become acquainted? 탐욕과 행복은 서로 본 적이 없다. 그런데 어떻게 둘이 가까워질 수 있겠는가?

→ 미국 정치가이자 발명가인 벤저민 프랭클린 Benjamin Franklin, 1706~1790의 말이다.

acumen
[əkjúːmən]

(일에 대한) 감각

The best CEOs use their business acumen to reduce complexity, whether internal or external to the company, to the basics of money making. 최고의 CEO들은 기업 내외의 복잡성을 수익 창출의 기본으로 단순화시켜줄 수 있는 사업 감각을 발휘한다.

→ 인도 출신의 미국 경영 컨설턴트 램 차란Ram Charan, 1939~의 말이다.

acumen은 보통 뛰어난 감각을 뜻한다. critical acumen은 '날카로운 비평력', legal acumen은 '법률적 재치', political acumen은 '정치적 통찰력', demonstrate acumen은 '수완을 보이다'는 뜻이다.

adapt

[ədǽpt]

(새로운 용도 · 상황에) 맞추다, 적응하다

Many successful management inno-vations have come from companies that have adapted, not adopted, popular ideas. 많은 성공적 경영 혁신은 유행하는 아이디어를 그대로 받아들이지 않고 자기 실정에 맞게 고쳐서 쓴 회사들에게서 나왔다.

➜ 미국 리더십 전문가 니틴 노리아Nitin Nohria와 제임스 버클리James D. Berkley의 말이다. 이들은 이 같은 대표적 사례로 일본의 품질 관리 기법을 회사 실정에 잘 맞게 고쳐 써 성공을 거둔 GEGeneral Electric의 회장 잭 웰치Jack Welch를 들었다.[6]

adopt는 adapt와는 달리, 있는 그대로 받아들이는 걸 말한다.

adaptability

[ədæptəbíləti]

융통성, 적응성, 순응성

Adaptability is not imitation. It means power of resistance and assimilation. 융통성은 모방이 아니다. 그것은 화이부동和而不同의 힘이다.

➜ 인도 지도자 마하트마 간디Mahatma Gandhi, 1869~1948의 말이다.

resistance and assimilation은 '저항과 동화'란 뜻인데, 그 의미를 뜯어보자면, 남과 화목하게 지내지만 자기의 중심과 원칙을 잃지 않는다는 화이부동으로 해석할 수 있겠다.

addition

[ədíʃən]

추가, 덧셈, 증축, 등재

I believe true leadership is a process of addition, not an act of division. I will not attack a part of this country, because I want to lead the whole of it. 나는 진정한 리더십은 더하기를 하는 과정이지, 나누기 하는 행동은 아니라고 믿습니다. 나는 이 나라의 한 부분을 공격하지 않을 것입니다. 이 나라 전체를 이끌고 싶기 때문입니다.

➜ 미국 제43대 대통령 조지 W. 부시George W. Bush, 1946~가 2000년 8월 3일 필라델피아에서 열린 공화당 전당대회의 대통령 후보 수락 연설에서 한 말이다.[7] 비록 그는 '나누기 리더십'을 행사했다는 비난을 받았지만, 말 만큼은 백번 옳은 말이다.

adjective

[ǽdʒiktiv]

형용사

The adjective is the enemy of the noun. 형용사는 명사의 적이다.

➜ 프랑스 사상가 볼테르Voltaire, 1694~1778의 말이다. 형용사의 사용을 줄이고 간결하게 표현하는 게 좋다는 뜻이다.

미국의 시사 잡지 『타임』에는 "Don't use any. People will get you better without them(차라리 형용사를 쓰지 마라. 형용사 없는 문장을 독자들은 더 잘 이해한다)"는 규칙이 있다고 한다.[8]

adjustment

[ədʒʌ́stmənt]

조정, 적응, 조치, 변화, 수리

Life is the continuous adjustment of

internal relations to external relations. 삶
이란 외적 관계에 대한 내적 관계의 끊임없는
조정이다.

→ 영국 사회학자 허버트 스펜서Herbert Spencer, 1820~
1903의 말이다.

admiration
[ædməréiʃən]

존경, 숭배, 감탄
Admiration is a very short-lived passion,
that immediately decays upon growing
familiar with its object. 숭배는 숭배의 대상에
익숙해지는 순간 사라지는 하루살이 열정이다.

→ 영국 작가 조지프 애디슨Joseph Addison, 1672~1719의
말이다.

admire
[ædmáiər]

존경하다, 숭배하다, 칭찬하다
We always love those who admire us;
we do not always love those whom we
admire. 우리는 우리 자신을 숭배하는 사람은
늘 사랑하지만, 우리 자신이 숭배하는 사람을 늘
사랑하진 않는 법이다.

→ 17세기 프랑스 작가로 풍자와 역설의 잠언으로 유
명한 라로슈푸코François de La Rochefoucauld, 1613~1680
의 말이다.

admixture
[ædmíkstʃər]

혼합, 혼합물, 섞은 것
No great genius is without an admixture
of madness. 위대한 천재에겐 광기의 혼합이
있기 마련이다.

→ 그리스 철학자 아리스토텔레스Aristotle, B.C 384~B.C 322의 말이다.

ado
[ədúː]

소동, 야단법석, 노고

No man thinks there is much about nothing when the ado is about himself. 그 누구도 자신과 관련된 소동을 헛소동이라고 생각하지는 않는다.

→ 영국 소설가 앤서니 트롤럽Anthony Trollope, 1815~1882 의 말이다.

Much Ado About Nothing(헛소동, 공연한 법석)은 윌리엄 셰익스피어William Shakespeare, 1564~1616의 희곡 제목이다. have(make) much ado (to do, in doing)은 "~하는데 법석을 떨다, 애쓰다", with much ado는 "야단법석을 떨며, 고심한 끝에", without more(further) ado는 "그다음은 애도 안 먹고, 순조로이, 손쉽게, 척척"이란 뜻이다. ado는 이런 숙어들에서만 쓰인다.[9]

adopt
[ədápt]

채택하다, 입양하다, 도입하다, 취하다, 적용하다

Adopt the pace of nature: her secret is patience. 자연의 속도를 배워라. 자연의 비법은 인내다.

→ 미국 철학자 랠프 월도 에머슨Ralph Waldo Emerson, 1803~1882의 말이다.

adversity
[ædvə́ːrsəti]

역경

Sweet are the uses of adversity. 역경의 열

매는 달콤하구나.

→ 윌리엄 셰익스피어William Shakespeare, 1564~1616의 말이다.

There is no education like adversity. 역경만큼 좋은 교육은 없다.

→ 영국 정치가이자 작가인 벤저민 디즈레일리 Benjamin Disraeli, 1804~1881의 말이다.

affected
[əféktid]

영향을 받은, 감동한, 짐짓 꾸민

Remember that change is most successful when those who are affected are involved in the planning. 변화는 그 영향을 받는 사람들이 기획에 참여할 때에 성공 가능성이 높아진다는 것을 명심하라.

→ 미국 리더십 전문가 워런 베니스Warren G. Bennis, 1925~가 『왜 지도자는 지도할 수 없는가Why Leaders Can't Lead』(1989)에서 한 말이다.[10]

affirmation
[æfərméiʃən]

단언, 확언, 긍정

Every sentence I utter must be understood not as an affirmation, but as a question. 내가 말하는 모든 문장은 확언이 아니라 질문으로 이해되어야만 한다.

→ 덴마크의 핵물리학자인 닐스 보어Niels Bohr, 1885~1962의 말이다. 미국의 급진적 빈민운동가이자 지역사회 조직가community organizer인 솔 알린스키Saul Alinsky, 1909~1972가 운동가들은 독단적 교리dogma를 경계하는 동시에 두려워해야 한다고 역설하면서

소개한 말이다.[11]

afflict
[əflíkt]

괴롭히다, 깔보다

Artistic temperament is a disease that afflicts amateurs. 예술적 기질은 아마추어를 괴롭히는 질병이다.

→ 영국 작가 길버트 체스터턴Gilbert K. Chesterton, 1874~1936의 말이다.

agreeable
[əgríːəbl]

기분 좋은, 유쾌한, 마음에 드는, 쾌적한, 상냥한

My idea of an agreeable person is a person who agrees with me. 내게 있어서 마음에 드는 사람은 내 생각에 동의하는 사람이다.

→ 영국 정치가이자 작가인 벤저민 디즈레일리 Benjamin Disraeli, 1804~1881의 말이다.

agony
[ǽgəni]

고통, 고민, 고뇌

You can never know the agonies and the lonely moments of leadership. 리더십의 고뇌와 고독의 순간들을 그 누가 알랴.

→ 미국의 흑인 민권운동가 마틴 루서 킹Martin Luther King Jr., 1929~1968의 말이다.[12]

aim
[eim]

목표, 목적, 겨냥하다, 노리다, 조준하다

There are two things to aim at in life: first, to get what you want; and, after that, to enjoy it. Only the wisest of mankind achieve the second. 인생에서 목표로 삼을 게

두 가지 있다. 하나는 원하는 것을 이루는 것이
고 다른 하나는 그 후에 그것을 즐기는 것이다.
가장 현명한 사람만이 두 번째 것을 이룬다.

➔ 미국 작가 로건 스미스Logan Pearsall Smith, 1865~1946의
말이다.

akin
[əkín]

동족의, 유사한, 동종의

Pity is akin to love. 연민은 애정으로 통한다.
be akin to는 "~에 가깝다, 유사하다"는 뜻으로 쓰
인다.

alarmist
[əlάːrmist]

공포를 조장하는 사람, 민심을 소란케 하는 사람

Alarmist cries about the lack of civilian
control of the military……deal with a
strawman issue. 군부에 대한 민간 통제가 없
다며 민심을 소란케 하는 주장들은 존재하지도
않는 가짜 이슈를 다루는 것이다.

➔ 미국 트루먼 행정부의 국방 장관 로버트 러벳Robert
Lovett, 1895~1986의 말이다.

alarm은 "경보警報"란 뜻이며, alarmist는 프랑스혁
명 당시 출현했던 같은 뜻의 alarmist에서 온 말이
다.[13]

altar
[ɔ́ːltər]

제단祭壇, 분향소

Time and again, we see that government
and industry are both willing to sacrifice
human lives on the altar of profits, with
the mainstream media there to support

all the way. 우리는 정부와 업계 모두 주류 미디어의 지속적인 협력을 받아가며 이윤의 제단을 위해 인명을 희생시키는 걸 되풀이해서 보고 있다.

➡ 미국의 암 전문가 새뮤얼 엡스타인Samuel S. Epstein이 2000년 미국 정부, 의학·제약업계, 언론이 삼위일체가 돼 돈벌이를 위해 암 예방을 하지 않고 오히려 암을 키우고 있다며 비난하면서 한 말이다.[14]

alter
[ɔ́:ltər]

바꾸다, 변경하다

The greatest discovery is that a human being can alter his life by altering his attitudes of his mind 인간은 마음가짐을 바꿈으로써 인생을 바꿀 수 있다. 이것을 알게 된 것이 가장 위대한 발견이다.

➡ 미국 철학자이자 심리학자인 윌리엄 제임스William James, 1842~1910의 말이다.[15]

alternative
[ɔːltə́:rnətiv]

대안

There Is No Alternative. 다른 대안은 없다. 줄여서 TINA라고 부른다.

➡ 1979~1990년 영국 수상을 지낸 '철의 여인' 마거릿 대처Margaret Thatcher, 1925~2013가 자본주의 이외에 이를 대체할 정책이나 이념이 없다는 뜻으로 한 말이다. 이는 좁게는 복지예산과 같은 공공지출을 줄이는 신자유주의Neoliberalism 옹호론으로 해석되었다. 신자유주의의 핵심을 한마디로 이야기하자

면, "시장은 좋은 것이고, 국가의 개입은 나쁘다"는 것이다. 세계화가 그러하듯이, 신자유주의는 작은 국가와 국가의 축소를 지향한다. 대처의 이런 발언을 염두에 두고, 2000년 1월 열린 세계사회포럼에서는 "대안은 있다", "또 다른 세상은 가능하다"는 주장이 나왔다.[16]

anatomy
[ənǽtəmi]

해부, 해부학, 해부체

Logic is the anatomy of thought. 논리는 사상의 해부다.

→ 영국 사상가 존 로크John Locke, 1632~1704의 말이다.

anger
[ǽŋgər]

분노, 화, 분개, 노여움

Anger cannot be dishonest. 분노는 부정직할 수 없다.

annoy
[ənɔ́i]

괴롭히다, 귀찮게 굴다, 속 태우다

Always forgive your enemies; nothing annoys them so much. 적을 용서하는 것보다 그들을 애타게 하는 것은 없다.

→ 영국 작가 오스카 와일드Oscar Wilde, 1854~1900의 말이다.[17]

anonymity
[ænəníməti]

익명匿名

The course of urban anonymity, of individual divorce from the general social life, erodes the foundations of democracy. 도시의 전반적인 사회생활로부터 개인이 분리

되고 익명화되는 과정이 민주주의의 기반을 약
화시킨다.

➔ 미국의 급진적 빈민운동가이자 지역사회 조직가
community organizer인 솔 알린스키Saul Alinsky, 1909~1972
의 말이다.[18]

antagonism
[æntǽgənìzm]

적대, 적의

A strongly individualistic cultural ethos
has produced deep-seated antagonism to
concentrated power. 개인주의 성향이 강한
문화 기질이 권력 집중에 대한 깊은 반감을 만
들어 냈다.

➔ 미국 존스홉킨스대 시민사회연구센터 소장 레스터
샐러몬Lester Salamon이 미국의 독특한 시민사회 전
통은 개인주의 역사에서 비롯된 것이라며 한 말이
다.[19]

anticipate
[æntísəpèit]

예상하다, 기대하다, 예견하다

What we anticipate seldom occurs; what
we least expect generally happens. 우리가
기대한 건 좀처럼 일어나지 않고 우리가 예상하
지 않았던 건 잘 일어난다.

➔ 미국 정치가이자 발명가인 벤저민 프랭클린
Benjamin Franklin, 1706~1790의 말이다.

anticipation
[æntìsəpéiʃən]

기대, 예상

If pleasures are greatest in anticipation,
just remember that this is also true of

trouble. 쾌락은 경험하기 직전에 최고조에 이른다는 데에 동의한다면, 고생도 그렇다는 걸 명심하라.

→ 미국 작가 엘버트 허바드Elbert Hubbard, 1856~1915의 말이다.

Travel is ninety per cent anticipation and ten per cent recollection. 여행의 90퍼센트는 기대, 10퍼센트는 회상이다.

→ 미국 소설가 에드워드 스트리터Edward Streeter, 1891~1976의 말이다.

antidote
[ǽntidòut]

해독제, 방어 수단, 교정 수단

Delay is antidote of anger. 지연은 분노의 해독제다.

antsy
[ǽntsi]

안달하는, 안절부절 못하는, 좀이 쑤시는

I guess I'm kind of antsy when I spend too much time out of the water. 물 밖에서 너무 많은 시간을 보내면 안절부절 못하는 것 같아요.

→ 미국 수영 황제 마이클 펠프스Michael Phelps, 1985~가 2003년 AP 통신 인터뷰에서 한 말이다. 이 기사는 펠프스가 좀처럼 휴식을 취하지 않는 연습벌레라고 전했다. [20]

antsy는 ant(개미)에서 나온 말로, "have ants in one's pants(~하고 싶어 좀이 쑤시다, 불안해서 안절부절 못하다, 흥분해 있다)"라는 숙어에서 비롯된 것으로 보면 되겠다. 바지 속으로 개미들이 들어갔는데 어찌 차분하게 있을 수 있으랴. Are there ants in your pants?(왜 그렇게 안절부절 못하니?) You never sit still. You must have ants in your pants(차분하게 앉아 있질 못하네. 넌 흥분해 있는 상태인 게 틀림없어).[21]

anxiety
[æŋzáiəti]

걱정, 근심, 불안, 염원, 열망

Anxiety is the hand maiden of creativity. 열망은 창의성의 시녀다. 갈망하게 되면 창의성이 생긴다.

➔ 미국에서 태어난 영국 시인 T. S. 엘리엇T. S. Eliot, 1888~1965의 말이다.[22]

apace
[əpéis]

빨리, 신속히, 발맞추어

Ill news runs apace. 나쁜 소식은 빨리 전파된다. 악사천리惡事千里.
"Bad news travels fast", "Bad news travels quickly"라고도 한다.

apathy
[ǽpəθi]

냉담, 무관심, 무감정

Hate is not the opposite of love; apathy is. 사랑의 반대말은 증오가 아니다. 무관심이다.

➔ 미국 심리학자 롤로 메이Rollo May, 1909~1994의 말이다. Critics of the mass media seem generally to suppose that the media foster political apathy.······How can Washington, it is sometimes asked, compete with Hollywood and Broadway? 매스미디어 비판자들은 일반적으로 미디어가 정치적 무관심을 조장한다고 생각하고 있는 것 같다. 어떻게 워싱

턴이 할리우드 및 브로드웨이와 경쟁할 수 있겠
느냐는 질문이 제기되곤 한다.

→ 미국 사회학자 데이비드 리스먼David Riesman,
1909~2002이 『고독한 군중The Lonely Crowd』(1950)에서
한 말이다.[23]

aphrodisiac
[æfrədíziæk]

성욕을 일으키는, 최음제

Power is the ultimate aphrodisiac. 권력은
최고의 최음제다.

→ 미국 국무 장관을 지낸 헨리 키신저Henry Kissinger,
1923~의 말이다.

aphorism
[ǽfərìzm]

아포리즘, 격언, 경구, 금언

Aphorism: Predigested wisdom. 아포리즘:
소화하기 쉽도록 잘 요리된 지혜.

→ 미국 독설가 앰브로즈 비어스Ambrose Bierce, 1842~
1914가 『악마의 사전』에서 내린 정의다.[24]
predigest는 "소화하기 쉽도록 조리하다, ~을 평
이하게 하다"는 뜻이다.

apologize
[əpálədʒàiz]

사과하다, 사죄하다

Never apologize, never explain. 사과도 변
명도 하지 말라.

→ 나폴레옹 보나파르트Napoleon Bonaparte, 1769~1821의
말이다.
Never apologize for showing feeling.
When you do so, you apologize for the
truth. 감정을 드러낸 것에 대해 사과하지 말라.

28

만약 사과한다면, 그건 진실에 대해 사과를 하는
것과 같다.

→ 영국 정치가이자 작가인 벤저민 디즈레일리
Benjamin Disraeli, 1804~1881의 말이다.[25]

applause
[əplɔ́ːz]

갈채, 박수, 칭찬

Applause waits on success. 갈채는 성공의
시중꾼이다.

→ 미국 정치가이자 발명가인 벤저민 프랭클린
Benjamin Franklin, 1706~1790의 말이다.

approve
[əprúːv]

인정하다, 찬성하다, 승인하다

Fools admire, but men of sense approve.
바보들은 숭배하고, 현명한 사람은 인정한다.

→ 영국 시인 알렉산더 포프Alexander Pope, 1688~1744의
말이다. (참고 admire).

aptitude
[ǽptətjùːd]

소질, 적성, 재능

Success is more attitude than aptitude. 성
공은 재능보다는 마음가짐의 문제다.

arrange
[əréindʒ]

준비하다, 정리하다, 계획하다, 마련하다

No human being can really understand
another, and no one can arrange another's
happiness. 인간은 아무도 다른 인간을 깊이
이해할 수 없고 아무도 다른 인간의 행복을 만
들어 줄 수 없다.

→ 영국 작가 그레이엄 그린Graham Greene, 1904~1991의

말이다.

arsenal
[ɑ́ːrsənl]

무기고, 병기창

We must be the great arsenal of democracy. 우리는 '민주주의의 병기창'이 되어야 합니다.

➡ 미국 제32대 대통령 프랭클린 루스벨트Franklin Delano Roosevelt, 1882~1945는 1940년 12월 17일에 가진 기자회견에서 이른바 '무기대여법Lend-Lease Act' 구상을 발표했다. 미국의 방위에 절대 필요한 것으로 간주되는 곳이면 어느 나라든 원조할 수 있으며, 탱크, 전투기, 전함을 대여해 주고 전쟁이 끝나면 현금이 아닌 현물로 돌려받자는 내용의 법안이었다. 쉽게 말하자면, 무기를 살 돈이 없는 영국에 무기를 무상으로 제공하자는 것이었다. 루스벨트는 12월 29일 라디오 노변담화爐邊談話에서 위와 같이 말했다.

artificial
[ɑ́ːrtəfíʃəl]

인공의, 인위적인, 인조의

Enough Artificially Happy people exist now in the United States to make for a new class of Artificially Happy Americans. '인위적으로 행복한 미국인들'이라는 하나의 새로운 계급을 형성하기에 충분할 정도로 지금 미국에는 인위적으로 행복한 사람들이 많이 존재한다.[26]

➡ 로널드 드워킨Ronald W. Dworkin이 2006년에 출간한 『모조 행복: '신행복계급'의 그림자(Artificial

Happiness: The Dark Side of the New Happy Class)』에서 한 말이다. 이색적이게도 마취의사인 동시에 정치학 박사인 드워킨은 이 책에서 불행을 치료해야 할 질환으로 간주하는 의사들과 행복이 종교의 사명인 양 행복 전도사 노릇을 하는 종교인들을 비판했다. 그런 식의 맹목적 행복 추구는 삶의 근본적인 진실을 무시하거나 회피하게 만들 뿐이고, 불행을 낳는 실망 · 슬픔 · 고통 등은 우리 삶의 불가피하거니와 필요한 요소들이라는 게 드워킨의 주장이다.

aspiration
[æspəréiʃən]

강렬한 소망, 큰 뜻, 대망

Faith is love taking the form of aspiration.
믿음은 열망의 형식을 취한 사랑이다.

→ 미국 신학자 윌리엄 앨러리 채닝William Ellery Channing, 1780~1842의 말이다.

Repentance is another name for aspiration. 후회는 열망의 다른 이름이다.

→ 미국의 목사이자 노예 폐지 운동가였던 헨리 워드 비처Henry Ward Beecher, 1813~1887의 말이다.

assassin
[əsǽsn]

암살자, 자객

Words without actions are the assassins of idealism. 행동 없는 말은 이상주의의 암살자다.

→ 미국 제31대 대통령 허버트 후버Herbert Hoover, 1874~1964의 말이다.

astray

[əstréi]

길을 잃어, 제 길에서 빗나가

Better to ask the way than go astray. 아는 길도 물어서 가는 게 낫다.

atheist

[éiθiist]

무신론자, 무신앙인

By night an atheist half-believes in God. 밤엔 무신론자도 신을 반쯤 믿는다.

➔ 영국 시인 에드워드 영Edward Young, 1863~1765의 말이다.

atmosphere

[ǽtməsfiər]

분위기, 대기, 기압

The goal is to create a male peer culture, an atmosphere whereby the abuse of women by some men will be seen as completely unacceptable by the male peer culture. 새로운 남성 동료 문화, 즉 사회적 분위기를 만드는 것이 목표입니다. 그래서 남성에 의한 여성 학대가 남성 동료 문화에 의해 완전히 받아들여지지 않게 하는 것이지요.

➔ 미국의 반反성차별주의 운동가인 잭슨 카츠Jackson Katz가 2002년 언론 인터뷰에서 한 말이다. 그는 강간 등 성폭력이 남성 동료 문화에 의해 조장되거나 방관되고 있다는 점에 주목해 특히 대학 운동부의 '마초' 문화를 바꾸려고 애쓰고 있다.[27]

avarice

[ǽvəris]

탐욕

Avarice is the only passion that never ages. 탐욕은 시들지 않는 유일한 열정이다.

avenge

[əvéndʒ]

복수하다, 앙갚음하다

The best manner of avenging ourselves is by not resembling him who has injured us. 복수의 제일 좋은 방법은 복수의 대상을 닮지 않는 것이다.

➜ 스코틀랜드 작가 제인 포터Jane Porter, 1776~1850의 말이다.

awaken

[əwéikən]

깨우다, 일으키다, 깨다, 각성하다, 깨닫다

God does not send us despair in order to kill us; he sends it in order to awaken us to new life. 신은 우리를 죽이기 위해 우리에게 절망을 내려 보내는 게 아니다. 절망은 우리가 새로운 삶에 눈을 뜨도록 하기 위한 것이다.

➜ 독일 작가 헤르만 헤세Hermann Hesse, 1877~1962의 말이다.

B

backbencher
[bǽkbéntʃər]

초선 의원, 서열이 낮은 의원

Senator John F. Kennedy of Massachusetts was still a 'backbencher' in 1960 when he took the Democratic nomination away from older and more experienced figures in his party. 매사추세츠 주의 존 F. 케네디 상원의원은 1960년 당내에서 나이도 많고 경력도 오래된 의원들을 제치고 민주당 대통령 후보직을 쟁취했을 때에도 여전히 '서열이 낮은 의원'이었다.

➔ 1967년 『U.S. News & World Report』 기사에 나온 말이다. 초선 의원들이 의회에서 뒷자리에 앉기 때문에 나온 말이다. 영국 하원에서 생긴 말이지만, 미국에서도 쓰인다.[1]

bait
[beit]

미끼, 유혹, 괴롭히다

Better shun the bait than struggle in the snare. 덫에 걸려 몸부림치는 것보다는 미끼를 피하는 게 더 낫다.

→ 영국 시인 존 드라이든John Dryden, 1631~1700의 말이다.

ballyhoo
[bǽlihùː]

큰 소동, 요란한(과대) 선전(하다)

We cannot ballyhoo our way to prosperity. 우리는 과대선전으로 번영으로 나아갈 수는 없다.

→ 미국 제32대 대통령 프랭클린 루스벨트Franklin Delano Roosevelt, 1882~1945가 자신의 두 번째 노변담화fireside chat에서 한 말이다.

ballyhoo의 기원에 대해선 주민들 사이의 격렬한 논쟁과 싸움으로 유명한 아일랜드의 밸리훌리Ballyhooly라는 마을 이름에서 비롯됐다는 설, 서커스에서 ballet(춤)와 whoop(야아~, 우와~ 하는 외침)의 합성에서 비롯됐다는 설 등이 있다.[2]

bang
[bæŋ]

굉음, 충격, 두드리다, 가지런히 깎은 앞머리

There is no terror in the bang, only in the anticipation of it. 폭탄이 터지는 것에는 공포가 없다. 공포는 오직 폭발이 일어나리라는 예감에 존재한다.

→ 공포영화의 대가인 앨프리드 히치콕Alfred Hitchcock, 1899~1980 감독의 말이다.[3]

bathos
[béiθas]

거짓(값싼) 감상, 점강법(장중한 어조에서 갑자기 익살 조로 바꿈), 진부함

I like you more than I can say, but I'll not sink into a bathos of sentiment. 나는 당신을 내가 말할 수 있는 것 이상으로 좋아하지만, 감상의 수렁으로 빠져들고 싶진 않아요.

→ 영국 소설가 샬럿 브론테Charlotte Bronte, 1816~1855의 『제인 에어Jane Eyre』(1847)에서 제인 에어가 한 말이다.

bathos는 "exaggerated pathos(과장된 파토스)"다. pathos는 "연민의 정을 자아내는 힘, 비애감", a pathetic story는 "슬픈 이야기", a pathetic scene 은 "애처로운 광경"을 뜻한다.[4]

bayonet
[béiənit]

총검, (the~) 무력, (pl.) 보병, 군세軍勢

Three hostile newspapers are more to be feared than a thousand bayonets. 3개의 적대적인 신문이 1,000명의 군대보다 더 무섭다.

→ 나폴레옹 보나파르트Napoleon Bonaparte, 1769~1821의 말이다.

beat
[biːt]

이기다, 물리치다, 때리다

If you can't beat(lick, whip) them, join them. 이길 수 없으면 같은 편이 되어라.

→ 미국 저널리스트 프랭크 켄트Frank R. Kent, 1877~1958가 1932년 『애틀랜틱 먼슬리Atlantic Monthly』에 소개해 널리 쓰이는 말이 됐다.[5]

bedfellow
[bedfélou]

침대를 함께 쓰는 사람, 아내, 일시적인 동료, 친구, 협력자, 불륜의 상대

Politics makes strange bedfellows. 정치는 이상한 동지 관계를 만든다.

→ 선거에서 이기기 위해 서로 전혀 어울리지 않는 정치인들 또는 정치 세력들 사이에 맺어지는 동맹관계를 지적하는 말이다.

strange bedfellows는 "이상한(기이한) 짝"인데, 윌리엄 셰익스피어William Shakespeare, 1564~1616가 『폭풍The Tempest』에서 처음 쓴 말이다.[6]

beget
[bigét]

낳다, ~을 낳게 하다

Money begets money. 돈이 돈을 번다.

beggar
[bégər]

거지, 거지로 만들다, 가난하게 만들다

It beggars description. 필설로 다 할 수 없다.

"It is beyond description"과 같은 뜻의 말이다.

→ 윌리엄 셰익스피어William Shakespeare, 1564~1616가 『Antony and Cleopatra』에서 클레오파트라의 미모를 묘사하면서 한 말이다.

여기서 beggar는 비유적으로 "(표현이나 비교를) 무력하게 하다, 빈약하게 하다"는 뜻으로 쓰인 것이다. beggar oneself by betting은 "노름으로 알거지가 되다", I'll be beggared if는 "만약 ~이면 거지가 돼도 좋다, 맹세코 ~이 아니다(않다)"는 뜻이다. 또 a beggar for work는 "일하기 좋아하는 사람, 일벌레", a good beggar는 "잘 얻어 내는 사람", die a beggar는 "객사하다"는 뜻이다. A beggar

37

can never be bankrupt(거지는 파산할 일이 없다).
Once a beggar, always a beggar(동냥질 사흘 하면
그만두지 못한다).[7]

belly
[béli]

배, 부풀다

A hungry belly has no ears. 배고프면 뵈는
게 없고 양심도 없어진다.[8] "The belly has no
conscience"와 같은 말이다.

go belly up은 "실패하다, 도산하다"는 뜻이다. 물
고기가 죽을 때 배를 위로 향하고 죽은 모습에서
유래한 말이다. 교통사고로 뒤집힌 자동차를 'belly
up'이라고 하기도 한다.[9] the 'full-belly' theory는
배가 불러야 민주주의나 표현의 자유 등에 대해 관
심을 갖는다는 이론이다.[10]

benefactor
[bénəfæktər]

은인, 후원자, 자선 사업가

Those who are quite satisfied sit still
and do nothing. Those who are not quite
satisfied are the sole benefactors of the
world. 만족하는 사람은 가만히 앉아 아무것도
하지 않는다. 만족하지 못하는 사람들이 세계를
위해 기여하는 은인이다.

→ 영국 작가 월터 새비지 랜도Walter Savage Landor,
1775~1864의 말이다.

a benefactor of mankind는 "인류의 은인"이란
뜻이다.

beneficial
[bènəfíʃəl]

유익한, 이익이 되는, 득이 되는

Happiness is beneficial for the body, but it is grief that develops the powers of the mind. 행복은 몸에는 좋지만, 정신력을 키우는 것은 슬픔이다.

→ 프랑스 소설가 마르셀 프루스트Marcel Proust, 1871~1922의 말이다.

Logic, like whiskey, loses its beneficial effect when taken in too large quantities. 논리는 위스키처럼 과잉이면 이로운 효과를 잃는다.

→ 아일랜드 작가 로드 던세이니Lord Dunsany, 1878~1957의 말이다.

bet
[bet]

걸다, 내기, 베팅, 단언하다

It has never been a good bet to bet against America. 미국의 반대편에 베팅 하는 것은 좋은 베팅이 아니다.

→ 2013년 12월 미국 부통령 조지프 바이든Joe Biden, 1942~이 청와대를 방문해 본격적인 대화에 앞서 덕담을 나누는 공개된 자리에서 박근혜 대통령에게 한 말이다. 이 발언은 "미국이 지는 쪽에 거는 것은 좋은 베팅이 아니다"로 해석할 수밖에 없는 문장이라 적잖은 논란을 빚었다.[11]

All bets are off. 약속이 취소됐다.

→ 도박 또는 게임에서 유래된 말로, 상황 또는 조건의 변화로 약속이나 합의가 취소된 것을 뜻한다.

They say the wedding's scheduled for

December, but to tell you the truth, all bets are off. 그들은 12월에 결혼한다고 말하지만, 진실을 말하자면 그 결혼은 깨졌어.[12]

betray
[bitréi]

배신하다, 배반하다

Nature never did betray the heart that loved her. 자연은 사랑하는 사람을 배신하지 않는다.

→ 영국 시인 윌리엄 워즈워스William Wordsworth, 1770~1850의 말이다.

Animals are good, better than humans really, animals do not betray you. 동물은 인간을 배신하지 않기 때문에 좋은 것이다.

→ 이탈리아 여배우 안나 마냐니Anna Magnani, 1908~1973의 말이다.[13]

beware
[biweər]

조심하다, 주의하다, 경계하다

Beware of the man of one book. 한 권의 책만 읽은 사람을 조심하라.

→ 토머스 아퀴나스St. Thomas Aquinas, 1225~1274의 말이다.[14]

bewilder
[biwíldər]

당황하게 하다

When people are bewildered they tend to become credulous. 사람들은 당황할 때에 속아 넘어가기 쉽다.

→ 미국 제30대 대통령(1923~1929년 재임) 캘빈 쿨리지Calvin Coolidge, 1872~1933의 말이다.

bias
[báiəs]

편견, 편향, 선입관

Bias against the Negro is the worst disease from which the society of our nation suffers. 흑인에 대한 편견은 우리 사회가 앓고 있는 최악의 질병이다.

→ 세계적인 물리학자 알베르트 아인슈타인Albert Einstein, 1879~1955의 말이다.

bias는 볼링bowling에서 공이 직선으로 가지 않고 휘어서 가는 걸 가리키는 bias에서 비롯된 말이다. have(be under) a bias toward는 "~의 경향이 있다, ~에 치우치다", on the bias는 "엇갈리게, 비스듬히", cut cloth on the bias는 "천을 비스듬히 자르다", be biased against는 "~에 편견(악의)을 품다"는 뜻이다.[15]

bigot
[bígət]

고집불통, 편협한 사람, 광신자

Bigot: One who is obstinately and zealously attached to an opinion that you do not entertain. 고집불통: 당신이 수긍할 수 없는 의견을 집요하면서도 열광적으로 우겨대는 사람.

→ 미국 독설가 앰브로즈 비어스Ambrose Bierce, 1842~1914가 『악마의 사전』에서 내린 정의다.[16]

여기서 entertain은 'entertain a doubt(의문을 품다)'의 경우처럼 '마음에 품다, 생각하다'는 뜻이다.

bigotry
[bígətri]

편협한 행위, 고집불통

Travel is fatal to prejudice, bigotry and

narrow-mindedness. 편견, 고집불통, 편협을 고칠 수 있는 특효약은 여행이다.

➔ 미국 작가 마크 트웨인Mark Twain, 1835~1910의 말이다.

bitter
[bítər]

쓴, 씁쓸한, 쓰라린

A good medicine is bitter to the mouth but of value for the body. 좋은 약은 입에 쓰나 몸에 이롭다.

Being fired from one's first job is a bitter pill to swallow. 첫 직장에서 해고된다는 것은 견디기 어려운 고통이다.

➔ a bitter pill은 "쓴 약"인데, 비유적으로 a bitter pill (to swallow)은 "하지 않으면 안 될 싫은 것(일)"을 뜻한다.[17]

blame
[bleim]

~를 탓하다, 비난하다 나무라다

Bad carpenters blame their tools. 서투른 목수가 연장 탓한다.

blessing
[blésiŋ]

축복

The secret of happiness is to count your blessings while others are adding up their troubles. 행복의 비결은 남들이 걱정을 더할 때 좋은 일을 세어 보는 것이다.[18]

➔ 미국 펜실베이니아 주를 세운 윌리엄 펜William Penn, 1644~1718의 말이다.

blushing
[blʌʃiŋ]

얼굴을 잘 붉히는, 얼굴 붉힘, 부끄러워 함

Self-sacrifice enables us to sacrifice other people without blushing. 자기희생은 당당하게 다른 사람을 희생시킬 수 있게 만든다.

➔ 영국 작가 조지 버나드 쇼George Bernard Shaw, 1856~1950의 말이다.

bold
[bould]

대담한, 뻔뻔스러운, 버릇없는

Fortune favors the bold. 운명의 여신은 대담한 자의 편이다.

➔ 같은 뜻으로, 영국 시인 존 드라이든John Dryden, 1631~1700은 "Fortune befriends the bold"라고 했다.

boldness
[bóuldnis]

대담함, 뻔뻔함

Boldness is a mask for fear, however great. 아무리 훌륭할지라도 대담함은 두려움을 감추려는 가면이다.

➔ 로마 시인 루카누스Lucanus, 39~65의 말이다.

Boldness is a child of ignorance. 대담함은 무지의 자식이다.

➔ 영국 철학자 프랜시스 베이컨Francis Bacon, 1561~1626의 말이다.

bolt
[boult]

번개, 빗장, 굵은 화살, 나사못, 총의 노리쇠

Prayer is the key of the morning and the bolt of the evening. 기도는 아침을 여는 열쇠요 저녁을 닫는 빗장이다.

➔ 인도 지도자 마하트마 간디Mahatma Gandhi, 1869~1948

의 말이다.

A fool's bolt is soon shot. 어리석은 자는 곧
최후 수단을 쓴다. 곧 앞이 막힌다.

My bolt is shot(=I have shot my bolt. 화살은 이미 시위
를 떠났다. 이제 와서 손을 뗄 수는 없다. 난 최선을 다했다).[19]

bore
[bɔːr]

**지루하게(따분하게, 싫증나게) 하다, 따분한(싫증나게
하는) 사람**

I believe that at the foundation of the
women's liberation movement there is a
minority core of women who were once
bored with life, whose real problems are
spiritual problems. 나는 여성 해방 운동의 근
저에는 삶에 싫증을 내고 영적인 문제를 안고
있는 소수의 여성들이 있다고 믿는다.[20]

➡ 미국 침례교단 소속의 목사로 1979년 창립한 '도
덕적 다수Moral Majority'를 통해 보수적인 운동을 벌
인 제리 폴웰Jerry Falwell, 1933~2007의 말이다.

What a bore! 참 따분하군! 따분한 사람이군!
be bored to death는 "아주 싫증이 나다, 지루해
지다"는 뜻이다.

boredom
[bɔ́ːrdəm]

권태, 지루함

Boredom is only another name for a
certain species of frustration. 권태는 좌절감
의 다른 이름이다.

➡ 미국의 비평가 수전 손태그Susan Sontag, 1933~2004의
말이다.[21]

boredom의 동의어로 ennui[a:nwí:]가 있는데, 둘의 관계에 대해 황은주는 이렇게 말한다. "영어에서는 19세기 boredom이라는 단어가 처음 사용될 무렵, 당시에는 프랑스어 ennui가 널리 쓰였는데 이는 영어의 annoy에 해당하는 말이다. ennui의 어원은 라틴어 inodiare로 '증오심을 갖다'라는 뜻을 가진 단어다. 따라서 권태라는 단어는 원래부터 증오심과 매우 밀접한 관계를 맺고 있으며 나아가 폭력과도 연결될 수 있는 가능성을 갖고 있었다."[22]

boring
[bɔ́:riŋ]

지루한, 재미없는

There is no conversation more boring than the one where everybody agrees. 모든 사람이 의견의 일치를 이루는 대화만큼 지루한 건 없다.

➡ 프랑스 사상가 미셸 몽테뉴Michel Eyquem de Montaigne, 1533~1592의 말이다.

breeding
[brí:diŋ]

번식, 사육, 품종 개량, 교양

Birth is much, but breeding is much more. 가문보다 교육이 더 중요하다.

a man of fine breeding은 "교양 있는 사람"이란 뜻이다.

brevity
[brévəti]

간결, 짧음

Brevity is a great charm of eloquence. 간결은 웅변의 가장 큰 매력이다.

➡ 고대 로마의 철학자 키케로Cicero, B.C. 106~B.C. 43의

말이다.

Brevity is the soul of wit. 말의 생명은 간결
이다. 간결은 지혜의 정수다.

→ 윌리엄 셰익스피어William Shakespeare, 1564~1616의 말
이다.

It is my ambition to say in ten sentences
what others say in a whole book. 남들이 한
권의 책으로 말할 것을 10문장으로 말하는 것이
내 꿈이다.

→ 독일 철학자 니체Friedrich Wilhelm Nietzsche, 1844~1900의
말이다.

brew
[bru:]

양조하다, 맥주

You must drink as you have brewed. 자업
자득自業自得이다.

Let's go have a couple of brews. 맥주 마시
러 가자.[23]

microbrewery는 '소형 맥주 양조장'이다.

bribe
[braib]

뇌물, 뇌물을 주다, 매수하다

Do not tempt others by offering bribes or
demean yourself by accepting bribes. 뇌물
을 줘 다른 사람들을 유혹하지 말고 뇌물을 받
음으로써 자신을 타락시키지 말라.

→ 인도의 영적 지도자인 바가완 스리 사차 사이 바바
Bhagavan Sri Sathya Sai Baba, 1926~의 말이다.

broad-minded

[brɔ:dmáindid]

관대한, 마음이 넓은

Broad-minded is just another way of saying a fellow's too lazy to from an opinion. 마음이 넓다는(도량이 크다는) 것은 너무 게을러 자기 의견을 세우지 못했다는 것을 돌려서 말하는 것에 지나지 않는다.

➔ 미국 코미디언 윌 로저스Will Rogers, 1879~1935의 말이다.

brood

[bru:d]

동물의 한배 새끼, 아이들, 알을 품다, 곰곰이 생각하다, (구름, 안개 따위가) 조용히 덮다.

Don't brood on what's past, but never forget it either. 지나간 일을 곰곰이 생각해도 안 되지만 잊어서도 안 된다.

➔ 캐나다 작가 토머스 라달Thomas Head Raddall, 1903~1994의 말이다.

A mother with a large brood never has a peaceful day. 가지 많은 나무에 바람 잘 날 없다.

Clouds brooded over the mountain. 구름이 산에 낮게 끼어 있었다.[24]

broom

[bru:m]

빗자루

A new broom sweeps clean. 새 빗자루가 깨끗하게 쓰는 법이다.

broth

[brɔ:θ]

묽은 수프, 고깃국, 육즙

Too many cooks spoil the broth. 사공이 많

으면 배가 산으로 간다.

bullet
[búlit]

총알, 탄환, 총탄

The bullet that will kill me is not yet cast.
나를 죽일 총알은 아직 발사되지 않았다.

➜ 나폴레옹 보나파르트Napoleon Bonaparte, 1769~1821의
말이다.

Every bullet has its billet. 총알에 맞고 안 맞
고는 팔자소관.

billet은 "군인 막사, 숙사, 지위, 일자리"란 뜻이다.

bureaucrat
[bjúərəkræt]

관료, 관리, 공무원

The two new breeds whose power and
prestige menace the amateur spirit are
professionals and the bureaucrats. Both
are byproducts of American wealth,
American progress. But they can stifle
the amateur spirit on which the special
quality and vision of our American leaders
must depend. 전문직과 관료의 권력과 권위가
아마추어 정신을 위협하고 있다. 둘은 미국의
부富와 발전의 산물이지만, 미국 지도자들의 특
별한 자질과 비전이 의존해야 할 아마추어 정신
을 질식시킬 수 있다.[25]

➜ 미국 역사가 대니얼 부어스틴Daniel J. Boorstin, 1914~
2004의 말이다.

bury
[béri]

묻히다, 묻다, 매장하다

In peace, sons bury their fathers; in war, fathers bury their sons. 평화 시에는 아들이 아버지를 묻고, 전쟁 시에는 아버지가 아들을 묻는다.

➔ 그리스 역사가 헤로도토스Herodotus, B.C. 485~B.C. 425 의 말이다.

C

callous

[kǽləs]

무감각한, 냉담한

Callous: Gifted with great fortitude to bear the evils afflicting another. 냉담한: 타인의 재난을 보고도 아무렇지 않을 만큼 위대하고 강인한 정신을 타고난.

→ 미국 독설가 앰브로즈 비어스Ambrose Bierce, 1842~1914가 『악마의 사전』에서 내린 정의다.[1]

calm

[kɑːm]

진정시키다, 가라앉히다, 차분한, 침착한, 조용한

When I would get upset, the only thing that would calm me was the sound of a tenor or baritone voice. I was a very noisy little guy, so this was an important discovery for my mother. I was given a phonograph, and suddenly all my relatives were giving me opera records. 제

가 동요할 때마다 저를 진정시킨 유일한 것은
테너와 바리톤 목소리였습니다. 저는 매우 요란
스러운 꼬마였기 때문에 이건 어머니에게 중요
한 발견이었지요. 저는 축음기를 갖게 되었고,
갑자기 모든 친척들이 제게 오페라 음반을 선물
했답니다.

→ 이탈리아의 유명 테너 가수 안드레아 보첼리Andrea
Bocelli, 1958~가 1999년 언론 인터뷰에서 한 말이다.[2]

canary
[kəneəri]

카나리아, 여자 가수

The experience of the canary can alert
us to toxins in our political atmosphere.
Problems that converge around racial
minorities affect us all. 카나리아의 경험은
우리 정치 환경의 독소毒素를 우리에게 미리 알
려줄 수 있습니다. 인종적 소수자에게 집중되는
문제들은 우리 모두에게 영향을 미치지요.

→ 1998년 흑인 여성으론 최초로 하버드 법대 정년 보
장 교수가 된 라니 기니어Lani Guinier, 1950~가 『시카
고트리뷴』 2002년 2월 27일자 인터뷰에서 자신이
텍사스 법대 교수 제럴드 토레스Gerald Torres와 같이
출간한 『광부의 카나리아The Miner's Canary: Enlisting
Race, Resisting Power, Transforming Democracy』와 관련해
한 말이다. '카나리아의 경험'은 과거에 광부들이
갱도에 독가스가 있는지 알아보기 위해 독가스에
민감한 새인 카나리아를 먼저 갱도에 들여보냄으
로써 있을지도 모를 위험을 피했던 걸 말한다. 즉,
인종적 소수자가 바로 카나리아라는 뜻이다.[3]

capable
[kéipəbl]

~을 할 수 있는, 유능한

There isn't a person anywhere that isn't capable of doing more than he thinks he can. 사람은 누구나 자신이 할 수 있다고 생각하는 것 이상을 해낼 수 있다.

→ 미국의 자동차 왕 헨리 포드Henry Ford, 1863~1947의 말이다.
capable의 명사형인 capacity(용량, 수용력, 능력, 지위)는 한국에서 '케파'라는 말로 널리 쓰인다. 기업의 현장에서는 '생산 케파'가 어떻다는 식의 말을 많이 하는데, 이는 '생산 능력production capacity'을 가리키는 말이다.

captive
[kǽptiv]

포로, 감금된, 어쩔 수 없는

Better to be a free bird than a captive king. 갇힌 왕보다는 자유로운 새가 낫다.

cardinal
[kɑ́:rdənl]

추기경, 기본적인

His cardinal mistake is that he isolates himself, and allows nobody to see him; and by which he does not know what is going on in the very matter he is dealing with. 그는 자신을 고립시키고 사람들이 자신을 만날 수 있는 기회를 차단하고 있습니다. 그래서 그는 그가 해야 할 일들과 관련해 무슨 일이 일어나고 있는지 모릅니다. 이게 그의 근본적인 과오입니다.

→ 미국 제16대 대통령 에이브러햄 링컨Abraham

Lincoln, 1809~1865이 남북전쟁 발발(1861년 4월 12일) 6개월 후인 10월 24일 당시 존재했던 '서부 담당 부Department of the West'의 장관이었던 존 프리몬트 John C. Fremont 장군을 해임하고, 그 대신 발탁한 데 이비드 헌터David Hunter 장군에게 보낸 편지에서 한 말이다. 링컨의 이 발언은 리더십 전문가들에 의해 "MBWA(Managing by Wandering Around) 원칙"으로 불렸다. 리더는 돌아다니면서 사람들을 접촉해야 한다는 원칙이라 할 수 있겠다. "돌아다니는 리더십 roving leadership"이라는 말도 쓰인다.[4]

carnage
[kάːrnidʒ]

대학살, 대량 살상, 살육

The Gross National Product includes air pollution and advertising for cigarettes and ambulances to clear our highways of carnage. GNP에는 대기 오염과 담배 광고, 고속도로에서 사상자를 치우는 앰뷸런스가 포함된다.

→ 로버트 케네디Robert F. Kennedy, 1925~1968가 상원 의원 시절 한 국가의 경제 복지 측정에 GNP를 기준으로 사용하는 것에 어떤 맹점이 있는지를 지적하기 위해 한 말이다.[5]

casualty
[kǽʒuəlti]

사상자, 피해자, 희생자, 부상자

When war is declared, Truth is the first casualty. 전쟁의 최초 희생자는 진실이다.

→ 영국 정치가이자 작가인 아서 폰손비Arthur Ponsonby, 1871~1946의 말이다. 한국전쟁의 종군기자로 참여한

필립 나이트리Phillip Knightley, 1929~의 말로 더 알려
져 있다.

catastrophe
[kətǽstrəfi]

대참사, 재난

Life improves slowly and goes wrong fast,
and only catastrophe is clearly visible. 인
생은 천천히 나아지고 빨리 나빠지며, 재난만 분
명하게 눈에 들어온다.

→ 제2차 세계대전 중 원자폭탄을 개발한 맨해튼 계
획Manhattan Project에 참가한 미국의 원자 물리학자
에드워드 텔러Edward Teller, 1908~2003의 말이다.

celibacy
[séləbəsi]

독신, 금욕, 육체적 순결

Marriage has many pains, but celibacy
has no pleasures. 결혼에는 많은 고통이 따르
지만, 독신에는 아무런 기쁨이 없다.

→ 영국 작가 새뮤얼 존슨Samuel Johnson, 1709~1784의 말
이다.

censorship
[sénsərʃip]

검열

Assassination is the extreme form of
censorship. 암살은 검열의 극단적 형식이다.

→ 영국 작가 조지 버나드 쇼George Bernard Shaw, 1856~
1950의 말이다.

character
[kǽriktər]

성격, 기질, 특징

Adversity reveals and shapes character.
역경은 성격을 드러내게 하고 형성한다.

character는 '인격'의 의미에 가까운 반면, 이와 비슷한 personality는 '개성'을 뜻한다. 이와 관련, 리처드 스텐걸Richard Stengel은 이렇게 말한다. "(세계적인 처세술 전문가인) 데일 카네기Dale Carnegie, 1888~1955는 전형적인 미국 세일즈맨과 달랐다. 그의 삶과 업적은 미국인의 페르소나persona가 어떻게 변화할지 암시했다는 점에서 눈여겨볼 만하다. 왜냐하면 카네기의 탄생은 미국인의 기질이 '인격character' 중시에서 '개성personality' 중시로 변화하게 된 원인이자 징후였다.……오늘날 상대적으로 덜 중요한 미덕으로 전락한 인격의 자리를 유머, 매력, 개성이 대체하고 있다. 그것의 형성에 카네기가 나름으로 기여한 미국인의 페르소나는, 밖에서 안을 향해 만들어진 것이 아니라 안에서 밖을 향해 만들어진 것이다."[6] (참고 personality).

charity
[tʃǽrəti]

자선, 자애, 구호, 적선

Success in war, like charity in religion, covers a multitude of sins. 전쟁에서의 성공은 종교에서의 자선처럼 많은 죄악을 덮어준다.

➜ 영국의 전쟁 역사가 윌리엄 네이피어William Napier, 1785~1860의 말이다.

charm
[tʃɑːrm]

매력, 마력, 부적, 매혹하다

Charm is more than beauty. 매력은 아름다움 이상이다.

bear(lead) a charmed life는 "불사신이다, 엄청난 행운을 누리다", be under the charm은 "마력(마

법)에 걸려 있다", like a charm은 "신기하게, 감쪽같이", charm a person asleep은 "아무를 마력으로 잠들게 하다"는 뜻이다.[7]

cheat
[tʃiːt]

부정행위, 커닝, 속임수, 속이다, 바람나다

Cheats never prosper. 거짓말은 오래가지 못한다.

choice
[tʃɔis]

선택, 결정, 선정, 고르고 고른, 정선한, (쇠고기가) 상등의, 까다로운

Happiness is not by chance, but by choice. 행복은 우연이 아닌 선택의 문제다.

→ 미국 기업가 짐 론Jim Rohn, 1930~2009의 말이다.
He is choice of his food. 식성이 까다롭다.
Pardon is the choicest flower of victory. 용서는 승리의 최상의 꽃이다.
my choicest hours of life는 "내 생애 최고의 순간", in choice words는 "적절한 말로", a choice spirit는 "뛰어난 사람, 지도자"라는 뜻이다.

choose
[tʃuːz]

선택하다, 고르다

People don't have time to choose everything in their lives. 사람들은 일상 속 선택의 순간에 대해 고민할 시간이 없다.

→ 스티브 잡스Steve Jobs, 1955~2011의 말이다. 잡스는 복잡한 것과 씨름하기를 좋아하지 않았다. 복잡한 설계도를 읽는 대신 모형을 보고 느끼길 원했다. 집중을 원한 것도 단순성의 일환이었다. 잡스는

1997년 9월 애플에 복귀 후 제품 종류의 70퍼센트를 없애버리면서 집중을 강조했다. 그는 애플 브랜드의 재건을 강조하면서 이와 같이 말했는데, 브랜드는 그 선택의 순간을 도와주기 때문에 정보가 넘쳐나는 시대에는 브랜드가 더욱 중요하다는 논리였다.[8]

chooser
[tʃúːzər]

선택자, 고르는 사람, 선거인

Beggars can't be choosers. If you don't have money to go out for pizza, you'll have to eat in the cafeteria. 없는 처지에 찬밥 더운밥 가리랴. 밖에 나가 피자를 사먹을 돈이 없으면 카페테리아에서 먹으면 될 게 아닌가.[9]

choosy
[tʃúːzi]

가리는, 까다로운

Beggars must not be choosy. 없는 처지에 찬밥 더운밥 가리랴.

cinch
[sintʃ]

확실한 일, 꽉 잡기, ~을 단단히 매다

It's a cinch. 확실해. 쉬워.

This problem is a cinch. 이 문제는 간단하다.

He's a cinch to be boss of this firm someday. 그는 언제고 반드시 이 회사 사장이 될 사람이다.

The Giants are a cinch to win Sunday's game. 자이언츠는 일요일 시합에서는 반드시 이긴다.

cinch는 스페인어 cincha(girth)에서 나온 말로 "(말

의) 뱃대끈, 안장 띠"를 말한다. 이는 말을 탄 사람
이 떨어지지 않도록 확실하게 해주는 것이었기에
"확실한 일, 편한 일"이라는 비유적 의미를 갖게 되
었다. 미국에서 19세기 말부터 쓰인 말이다.[10]

civilization
[sìvəli-zéiʃən]

문명

The three greatest elements of modern
civilization are gunpowder, printing, and
the Protestant Religion. 현대 문명의 3대 요
소는 화약, 인쇄술, 그리고 개신교다.

➔ 영국 역사가 토머스 칼라일Thomas Carlyle, 1795~1881의
말이다.
Civilization is a limitless multiplication of
unnecessary necessities. 문명이란 불필요한
필수품의 무한팽창이다.

➔ 미국 작가 마크 트웨인Mark Twain, 1835~1910의 말이다.

civilized
[sívəlàizd]

문명화된, 개화된

No people is wholly civilized where the
distinction is drawn between stealing an
office and stealing a purse. 자리를 훔치는
것이 지갑을 훔치는 것과 구별되는 사회에서는
어떤 사람도 점잖을 수만은 없다.[11]

➔ 미국 제26대 대통령 시어도어 루스벨트Theodore
Roosevelt, 1858~1919의 말이다.

claptrap
[klǽptræp]

허튼 소리, 인기를 끌기 위한 말(짓), 술책

He built his reputation by intrigue and

claptrap. 그는 술수와 인기를 끄는 수단으로
명성을 얻었다.[12]

claptrap을 직역하자면 박수clap를 받기 위한 함정
trap이란 뜻인데, 시간이 흐르면서 위와 같은 부정
적인 의미로 발전한 것일 뿐 처음엔 그렇게까지 부
정적인 뜻은 아니었다. 18세기 연극에서 보는 재미
를 더하기 위해 관객의 박수를 유도할 수 있는 말
이나 장면 등과 같은 장치를 가리키는 것이었다.[13]
이와 관련, 영국 동물학자 데즈먼드 모리스Desmond
Morris는 다음과 같이 말한다. "수세기에 걸쳐 배우
들은 파도와 같은 박수갈채를 갈망해왔고, 갖은 방
법으로 '박수를 유도하는 계략trap to catch a clap'을
연구해왔다. 거기서 claptrap이라는 영어가 생겨났
을 정도다."[14]

clash
[klæʃ]

충돌하다, 전투하다, 대립하다

Freedom rings where opinion clash. 의견
이 충돌하는 곳에 자유가 울려 퍼진다.

➔ 미국 정치가 아들라이 스티븐슨Adlai E. Stevenson,
1900~1965의 말이다.

claw
[klɔ:]

**발톱, 집게발, 할퀴다, 쥐어뜯다, 잡으려고 손으로
더듬다**

Claw me and I'll claw thee. 오는 말이 고와
야 가는 말이 곱다.

cleverness
[klévərnis]

영리함, 빈틈없음, 솜씨 있음

Cleverness is not wisdom. 영리함이 지혜는

아니다.

→ 그리스의 비극 작가 에우리피데스Euripides, B.C. 484?~B.C. 406?의 말이다.

It is great cleverness to know how to conceal our cleverness. 자신의 영리함을 숨기는 법을 아는 게 진짜 영리한 것이다.

→ 17세기 프랑스 작가로 풍자와 역설의 잠언으로 유명한 라로슈푸코François de La Rochefoucauld, 1613~1680 의 말이다.

coffin
[kɔ́(ː)fin]

관棺

A cynic is a man who, when he smells flowers, looks around for a coffin. 냉소주의자는 꽃향기를 맡으면 관棺을 찾기 위해 주변을 둘러보는 사람이다.

→ 미국의 저널리스트 독설가로 유명한 헨리 루이 멩켄Henry Louis Mencken, 1880~1956의 말이다.

common
[kάmən]

흔한, 일반적인, 공통의, 공동의

The Lord prefers common-looking people. That is the reason why he made so many of them. 신은 보통 사람을 선호한다. 그래서 세상에는 보통 사람이 그토록 많다.

→ 미국 제16대 대통령 에이브러햄 링컨Abraham Lincoln, 1809~1865의 말이다.[15]

companion
[kəmpǽnjən]

친구, 동반자, 동료

The rotten apple spoils his companion. 썩은

사과, 즉 못된 사람 때문에 전체가 욕을 먹는다.

→ 미국 정치가이자 발명가인 벤저민 프랭클린Benjamin Franklin, 1706~1790의 말이다.[16]

companionable
[kəmpǽnjənəbl]

친하기 쉬운, 사교적인, 붙임성이 있는, 서글서글한

I never found the companion that was so companionable as solitude. 나는 고독만큼 친하기 쉬운 친구를 만난 적이 없다.

→ 미국의 초월주의 작가 헨리 데이비드 소로Henry David Thoreau, 1817~1862의 말이다.

company
[kʌ́mpəni]

회사, 일행, 함께 있는 사람들

If you find yourself in the company of people who agree with you, you're in the wrong company. 만약 너희들이 의견이 같은 사람들 하고만 어울린다면 그건 잘못된 것이다.

→ 전 미 국무 장관 콘돌리자 라이스Condoleezza Rice, 1954~가 스탠퍼드대학교 교수 시절 늘 학생들에게 열띤 토론을 요구하면서 한 말이다.[17]

comparable
[kámpərəbl]

비교할 만한, ～에 비해, ～에 해당하는, ～와 비슷한

American English has a global role at the beginning of the 21st Century comparable to that of British at the start of the 20th. 미국 영어가 21세기의 세계 영어 역할을 주도하고 있는데, 이것은 지난 세기에 영국 영어가 그랬던 것과 같은 현상이다.

→ 『옥스퍼드 사전』의 진단이다.[18]

compassion
[kəmpǽʃən]

깊은 동정, 측은하게 여기는 마음, 측은히 여김

To grow old is to move from passion to compassion. 나이를 먹는다는 것은 열정에서 동정으로 이동한다는 것을 뜻한다.

➡ 프랑스 작가 알베르 카뮈Albert Camus, 1913~1960의 말이다.

competent
[kάmpətənt]

유능한, 능력이 있는, 만족스러운

Today the world is the victim of propaganda because people are not intellectually competent. More than anything the United States needs effective citizens competent to do their own thinking. 오늘날 세계는 선전의 희생자가 되었다. 대중의 지적 역량의 한계 때문이다. 미국은 그 어떤 것보다도 그들 자신의 생각을 할 수 있는 시민들을 필요로 한다.

➡ 미국 교육 행정가인 윌리엄 매더 루이스William Mather Lewis, 1878~1945의 말이다.

competition
[kάmpətíʃən]

경쟁, 대회, 경기, 시합

I've always liked the competition more than the tennis. 나는 늘 테니스보다는 경쟁을 좋아했다.

➡ 세계 테니스계의 스타인 스페인의 라파엘 나달 Rafael Nadal, 1986~이 『Time』(2009년 1월 19일자) 인터뷰에서 한 말이다.

comprehensive
[kàmprihénsiv]

종합적인, 포괄적인, 광범위한

Privacy is the right to be alone—the most comprehensive of rights, and the right most valued by civilized man. 프라이버시는 홀로 있을 권리다. 모든 권리들 중에서 가장 포괄적이고 교양이 높은 사람들에 의해 가장 존중받는 권리다.

➜ 나중에 미국 대법관이 된 루이스 브랜다이스Louis D. Brandeis, 1856~1941가 하버드 법대 동기생인 변호사 새뮤얼 워런Samuel D. Warren, 1852~1910과 함께 1890년 『Harvard Law Review』에 발표한 「프라이버시권The Right to Privacy」이라는 논문에서 한 말이다.[19]

compromise
[kàmprəmàiz]

타협(하다), 화해(하다), 양보(하다)

A free and open society is an on-going conflict, interrupted periodically by compromises—which then become the start for the continuation of conflict, compromise, and on ad infinitum. Control of power is based on compromise in our Congress and among the executive, legislative, and judicial branches. A society devoid of compromise is totalitarian. If I had to define a free and open society in one word, the word would be "compromise". 자유롭고 개방적인 사회는 끊이지 않는 갈등 그 자체이며, 갈등은 간헐적으로 타협에 의해서만 멈추게 된다. 일단 타협이

이루어지면, 바로 그 타협은 갈등, 타협, 그리고 끝없이 계속되는 갈등과 타협의 연속을 위한 출발점이 된다. 권력의 통제는 의회에서의 타협과 행정부, 입법부, 사법부 사이에서의 타협에 바탕을 두고 있다. 타협이 전혀 없는 사회는 전체주의 사회다. 자유롭고 개방적인 사회를 하나의 단어로 정의해야 한다면, 그 단어는 "타협"일 것이다.[20]

→ 미국의 급진적 빈민운동가이자 지역사회 조직가 community organizer인 솔 알린스키Saul Alinsky, 1909~1972가 1971년에 출간한 『급진주의자를 위한 규칙Rules for Radicals: A Pragmatic Primer for Realistic Radicals』에서 한 말이다.

conceal
[kənsíːl]

숨기다, 감추다

Originality is the art of concealing your sources. 창의성은 그 출처를 감추는 예술이다.

concentrate
[kánsəntrèit]

집중시키다, 전념하다, 농축되다, 모이다, 전력을 기울이다

Concentrate all your thoughts upon the work at hand. The sun's rays do not burn until brought to a focus. 지금 하고 있는 일에 모든 생각을 집중시켜라. 태양광선도 초점이 맞지 않으면 태우지 못한다.

→ 전화를 발명한 알렉산더 그레이엄 벨Alexander Graham Bell, 1847~1922의 말이다.

concentration
[kὰnsəntréiʃən]

집중, 농축, 수용소

Concentration is the secret of strength. 집중이야말로 힘의 비밀이다.

➡ 미국 철학자 랠프 월도 에머슨Ralph Waldo Emerson, 1803~1882의 말이다.

concerned
[kənsə́:rnd]

우려하는, 관련된, 신경 쓰는, 관심을 가진

To be happy, we must not be too concerned with others. 행복하기 위해선 남에게 너무 신경 쓰지 말아야 한다.

➡ 프랑스 작가 알베르 카뮈Albert Camus, 1913~1960의 말이다.

conclusion
[kənklú:ʒən]

결론, 타결, 종료

Despair is the conclusion of fools. 절망은 바보들의 결론이다.

➡ 영국 정치가이자 작가인 벤저민 디즈레일리 Benjamin Disraeli, 1804~1881의 말이다.

concoct
[kankάkt]

혼합하여 만들다, 조합하다, 꾸며내다

Our American culture's overemphasis on happiness at the expense of sadness might be dangerous, a wanton forgetting of an essential part of a full life······To foster a society of total happiness is to concoct a culture of fear. 슬픔을 전멸시키겠다는 듯 행복에 대해 과잉 강조를 하는 미국 문화는 위험하다. 완전한 삶의 한 본질적 부분에

65

대한 터무니없는 망각이 아니고 무엇인가.……
오직 행복만 존재하는 사회를 만들겠다는 것은
공포의 문화를 조작해내는 것과 다를 바 없다.

→ 미국 웨이크포리스트대학교Wake Forest University
의 영문학 교수 에릭 윌슨Eric G. Wilson이 2008년
에 출간한 『행복에 반대한다: 우울 예찬론Against
Happiness: In Praise of Melancholy』에서 한 말이다. 그는
미국인의 85퍼센트가 '행복하다'고 답한 조사 결과
를 수상쩍게 바라보면서, 행복감에서 조금이라도
벗어나면 비정상적이고 위험하다고 보는 미국문화
를 개탄했다.[21]

confide
[kənfáid]

비밀을 털어놓다, 신뢰하다, 신용하다
We rarely confide in those who are better
than we are. 우리는 우리보다 나은 사람에게는
좀처럼 비밀을 털어놓지 않는다.

→ 프랑스 작가 알베르 카뮈Albert Camus, 1913~1960의 말
이다.

confidence
[kɑ́nfədəns]

자신감, 신뢰, 확신, 신임, 신용
When he speaks, he gives those who
hear him confidence: not in him but in
themselves. 그는 자신의 말을 듣는 사람들에
게 신뢰를 준다. 그에 대한 신뢰가 아니라 듣는
이들 자신에 대한 신뢰다.

→ 2009년 5월 영국 총리 고든 브라운Gordon Brown,
1951~이 미국 대통령 버락 오바마Barack Obama에 대
해 찬사를 보내며 한 말이다.[22]

Confidence is the feeling you have before you understand the situation. 확신(신뢰)은 상황을 이해하기 전에 갖는 감정이다.

confuse
[kənfjúːz]

혼란스럽게 하다, 혼동하다, 당황하게 하다, 어리둥절하게 하다
If you can't convince them, confuse them. 국민을 설득할 수 없다면 헷갈리게 해서 판단을 흐리게 해라.

➡ 미국 제33대 대통령 해리 트루먼Harry S. Truman, 1884~1972의 말이다.[23]

connection
[kənékʃən]

연결, 관련, 관계, 접속, 연줄
The world runs on connections. 세상은 연줄로 돌아간다.

conscience
[kánʃəns]

양심
It is time for France to be true to its conscience. 이젠 프랑스가 양심에 충실할 때가 되었다.

➡ 2009년 3월 프랑스 국방 장관 허브 모랭Herve Morin, 1961~이 프랑스는 수십 년간의 핵실험으로 인해 병에 걸린 사람들에게 1,350만 달러 이상을 지출하게 될 것이라고 밝히면서 한 말이다.

consistency
[kənsístənsi]

일관성, 농도, 밀도
Consistency is the last refuge of the unimaginative. 일관성은 상상력이 없는 사람

의 마지막 도피처다.

→ 영국 작가 오스카 와일드Oscar Wilde, 1854~1900의 말이다.

constant
[kάnstənt]

지속적인, 계속되는, 끊임없는

To his dog, every man is Napoleon; hence the constant popularity of dogs. 개 주인은 개에겐 나폴레옹이다. 이게 바로 개가 변치 않는 인기를 누리는 이유다.

→ 영국 작가 올더스 헉슬리Aldous Huxley, 1894~1963의 말이다.

constancy
[kάnstənsi]

불변, 항구성, 영구적인 것

The secret of success is constancy to purpose. 성공의 비밀은 목적을 끝까지 지키는 것이다.

→ 영국 정치가이자 작가인 벤저민 디즈레일리 Benjamin Disraeli, 1804~1881의 말이다.

contemplate
[kάntəmplèit]

고려하다, 계획하다, 생각하다, 심사숙고하다

Happiness: An agreeable sensation arising from contemplating the misery of another. 행복은 다른 사람의 비참한 상태를 곰 곰이 생각할 때에 생겨나는 흐뭇한 마음이다.

→ 미국 독설가 앰브로즈 비어스Ambrose Bierce, 1842~1914가 『악마의 사전』에서 내린 정의다.[24]

contempt
[kəntémpt]

경멸, 모욕, 무시

Contempt: The feeling of a prudent man for an enemy who is too formidable safely to be opposed. 경멸: 함부로 대항하기에는 만만찮은 강적에 대해 신중한 사람이 품는 감정.

➔ 미국 독설가 앰브로즈 비어스Ambrose Bierce, 1842~1914가 『악마의 사전』에서 내린 정의다.[25]

Many can bear adversity, but few contempt. 역경을 견디는 사람은 많아도 경멸(모욕)을 견디는 사람은 드물다.

beneath contempt는 "경멸할 가치조차 없는", have a contempt for, have(hold) a person in contempt, show contempt는 모두 "경멸하다", in contempt of는 "~을 경멸하여", bring into contempt는 "창피를 주다", fall into contempt는 "창피를 당하다", contempt of court는 "법정 모욕죄", contempt of Congress는 "국회 모욕죄"를 뜻한다.[26]

contentment
[kənténtmənt]

만족, 흡족해함

Happiness consists in contentment. 행복은 족함을 아는 데에 있다.

content에도 contentment라는 뜻이 있다. Content is happiness(행복은 만족이다).

contribute
[kəntríbjuːt]

기여하다, 공헌하다, 기부하다

Anything you're good at contributes to happiness. 당신이 잘하는 일이라면 무엇이든

행복의 근원이 된다.

→ 영국 철학자 버트런드 러셀Bertrand Russell, 1872~1970
의 말이다.

controversy
[kάntrəvə̀ːrsi]

논란, 논쟁, 문제, 갈등, 의혹

Controversy: A battle in which spittle or
ink replaces the injurious cannonball and
the inconsiderate bayonet. 논쟁: 육체적인
부상을 입게 하는 폭탄이나 성급한 총검 대신
침과 잉크를 사용하는 전투.

→ 미국 독설가 앰브로즈 비어스Ambrose Bierce, 1842~
1914가 『악마의 사전』에서 내린 정의다.[27]

Public controversy over an issue functions
to help participants in the debate accept
an outcome that deviates from their
beliefs about the optimum policy. 한 이슈에
대한 공개적 논쟁은 논쟁에 참여한 사람들이 결
과를 수용하는 데에 도움을 주는 기능을 수행한
다. 비록 그 결과가 최적 정책에 관한 그들의 생
각에서 벗어난 것일지라도.

→ 미국 정치학자 머리 에덜먼Murray Edelman, 1919~2001
이 『상징적 행위로서의 정치Politics as Symbolic Action:
Mass Arousal and Quiescence』(1971)라는 책에서 한 말
이다. 진정한 논쟁은 없고 논쟁이 기존 질서 정당
화의 도구로 이용되는 걸 꼬집은 것이다.[28]

controversy는 contra(against)와 vertere(turn)의 합
성어로 "to turn against(~에 대해 등을 돌리다)"라는
뜻을 가진 라틴어 controversia에서 온 말이다. 늘

논란이 되는 3대 주제는 politics(정치), religion(종교), sex(섹스)다.[29]

conviction
[kənvíkʃən]

확신, 유죄 판결, 설득력, 자각

Convictions are more dangerous foes of truth than lies. 진실에 관한 한, 확신은 거짓말보다 더 위험한 적敵이다.

➡ 독일 철학자 니체Friedrich Wilhelm Nietzsche, 1844~1900의 말이다.[30]

Convictions do not imply reasons. 신념은 이성적 판단을 의미하는 게 아니다.

➡ 미국 소설가 마거릿 딜란드Margaret Deland, 1857~1945의 말이다.[31]

convince
[kənvíns]

설득하다, 납득시키다, 확신시키다

In science the credit goes to the man who convinces the world, not to the man to whom the idea first occurs. 과학에서의 공적은 처음에 아이디어를 낸 사람이 아니라 그것을 세상에 납득시킨 사람에게 돌아간다.

➡ 캐나다 물리학자 윌리엄 오슬러William Osler, 1849~1919의 말이다.

corrupt
[kərʌpt]

부패한, 부정한, 타락한, 타락하다, 부패하다, 부패시키다, 타락시키다

Power tends to corrupt, and absolute power corrupts absolutely. 권력은 부패하며, 절대 권력은 절대 부패한다.

→ 영국 정치인이자 역사가인 액턴Lord Acton, 1834~1902
의 말이다.
If absolute power corrupts absolutely,
where does that leave God? 절대 권력이 절
대 부패한다면, (절대 권력자인) 신은 어떻게 되는
건가?

corruption
[kərʌpʃən]

부패, 타락

Where the mass of the people is sound,
disturbances and tumults do no serious
harm; but where corruption has
penetrated people, the best laws are of no
avail. 국민이 건전한 나라에선 소요와 소동이
큰 해를 끼치지 못하지만, 국민이 부패한 나라에
선 최상의 법도 아무 소용이 없다.[32]

→ 이탈리아 사상가 마키아벨리Niccolò Machiavelli, 1469~
1527의 말이다.

counterbalance
[káuntərbɑləns]

~을 균형 잡히게 하다, 상쇄하다, 균형이 잡히다

The function of democracy has been to
provide the public with a second power
system, an alternative power system,
which can be used to counterbalance the
economic power. 민주주의는 경제 권력에 대
항할 수 있는 또 하나의 권력 시스템, 즉 대안 권
력 시스템을 공중에게 제공하는 기능을 수행해
왔다.

→ 미국 정치학자 E. E. 샤트슈나이더E. E. Schattschneider,

court
[kɔːrt]

법원, 재판소, 법정, 코트

There is no such thing as justice-in or out of court. 사법부 안이나 밖이나 정의 같은 것은 없다.

➜ 미국 법률가 클래런스 대로Clarence Darrow, 1857~1938 의 말이다.

There is a higher court than courts of justice and that is the court of conscience. It supercedes all other courts. 법원보다 높은 법원은 양심의 법원이다.

➜ 인도 지도자 마하트마 간디Mahatma Gandhi, 1869~1948 의 말이다.[34]

courtesy
[kə́ːrtəsi]

예의, 호의, 의례적인

Courtesy is the inseparable companion of virtue. 예의는 미덕의 단짝이다.

covetousness
[kʌvitəsnis]

탐욕, 갈망

Covetousness is the root of the evil. = Covetousness is the root of all evil. 탐욕은 악의 뿌리다.

When all sins grows old, covetousness is young. 모든 죄악들이 늙어도 탐욕은 청춘이다.

coward
[káuərd]

겁쟁이, 비겁한 사람

Coward: One who in a perilous emergency

thinks with his legs. 겁쟁이: 위급한 때에 발로써 모든 것을 생각하는 사람.

→ 미국 독설가 앰브로즈 비어스Ambrose Bierce, 1842~1914가 『악마의 사전』에서 내린 정의다.[35]

cowardice
[káuərdis]

비겁, 소심

There are several good protections against temptation, but the surest is cowardice. 유혹을 이겨내는 몇 가지 좋은 방법이 있는데, 가장 확실한 것은 비겁함(소심함)이다.

→ 미국 작가 마크 트웨인Mark Twain, 1835~1910의 말이다.

crave
[kreiv]

갈망하다, 열망하다, 간청하다, 갈구하다

Nothing crave, nothing have. 열망하는 게 없으면 얻는 것도 없다.

"Nothing seek, nothing find"로 표현하기도 한다.

crawl
[krɔːl]

기다, 기어가다, 오싹해지다

If you can't fly then run, if you can't run then walk, if you can't walk then crawl, but whatever you do you have to keep moving forward. 날지 못하면 뛰고, 달리지 못하면 걷고, 걷지 못하면 기어가되, 어떻게 하든 앞으로 전진하라.

→ 미국의 흑인 민권운동가 마틴 루서 킹Martin Luther King Jr., 1929~1968의 말이다.[36]

crazy
[kréizi]

미쳐 있는, 미친, 열광적인, 이상한

Of course I'm crazy, but that doesn't mean I'm wrong. 나는 미쳤지만, 그것이 내가 잘못됐다는 걸 의미하는 건 아니다.

→ 미국 작가 로버트 윌슨Robert Anton Wilson, 1932~2007의 말이다.

creativity
[krìːeitívəti]

창의성, 창조성, 독창력

You can't teach creativity at film school. 영화 학교에서 창의성을 가르칠 수는 없다.

→ 1970년대 후반(1973~1977) 미국 일리노이 주지사를 지낸 대니얼 워커Daniel Walker, 1922~의 말이다. 기술이나 기교를 가르칠 뿐 창의성은 하루아침에 만들어지지 않는다는 이야기다. 심지어 "학교가 창의성을 죽인다Schools kill creativity"고 주장하는 학부모도 많다.[37]

credible
[krédəbl]

신용할 수 있는, 확실한, 믿을 수 있는

To be persuasive we must be believable; to be believable we must be credible; credible we must be truthful. 설득력이 있으려면 믿을 수 있어야 하고 믿음이 있으려면 평소 진실되어야 한다.

→ 미국의 전설적인 방송인 에드워드 머로Edward R. Murrow, 1908~1965의 말이다.[38]

credit
[krédit]

신용, 학점, 인정하다, 공적, 채권

He that has lost his credit can lose

nothing further. 신용을 잃은 사람은 더 이상 잃을 게 없다.

→ 기원전 1세기 시리아 출신의 로마 작가인 퍼블릴리우스 사이러스Publilius Syrus의 말이다.

Remember that credit is money. 신용은 돈이라는 걸 명심하라.

→ 미국 정치가이자 발명가인 벤저민 프랭클린Benjamin Franklin, 1706~1790의 말이다.

Share credit. 공적은 나누어라.

→ 미국 최초의 흑인 국무 장관 콜린 파월Colin Powell, 1937~의 말이다.[39]

cremate
[krí:meit]

화장하다, 소각하다

Disappointments should be cremated, not embalmed. 실망은 미라로 만들 게 아니라 화장해야 한다.

embalm은 "~을 미라로 만들다, 방부 처리하다, ~에 향기를 채우다"는 뜻이다.

cripple
[krípl]

지체 부자유자, 불구가 되게 하다, 불구자

Cynicism—the intellectual cripple's substitute for intelligence. 냉소주의는 지적 불구자가 지성의 대용품으로 쓰는 것이다.

→ 미국 문화비평가 러셀 라인즈Russell Lynes, 1910~1991의 말이다.

crisis
[kráisis]

위기, 문제, 사태, 위험, 불황(복수는 crises)

When written in Chinese, the word

crisis is composed of two characters—
one represents danger and the other
represents opportunity. 중국어로 위기라는
단어는 위험과 기회라는 두 글자로 구성돼 있다.
➔ 미국 제35대 대통령 존 F. 케네디John F. Kennedy,
1917~1963의 말이다.
Life is one crisis after another. 인생은 위기
의 연속이다.
➔ 워터게이트 사건으로 대통령직에서 물러난 리처드
닉슨Richard M. Nixon, 1913~1994이 1980년 인터뷰에서
한 말이다.

critical
[krítikəl]

비판적인, 중요한, 중대한, 위험한, 결정적인
It is much easier to be critical than to be
correct. 정확하기보다는 비판적인 게 훨씬 쉽다.
➔ 영국 정치가이자 작가인 벤저민 디즈레일리
Benjamin Disraeli, 1804~1881의 말이다.

criticism
[krítəsìzm]

비난, 비판, 비평, 혹평
To avoid criticism do nothing, say nothing,
be nothing. 비판을 피하고 싶으면 아무것도 하
지 말고, 아무것도 말하지 말고, 아무것도 되지
말라.
➔ 미국 작가 앨버트 허버드Elbert Hubbard, 1856~1915의
말이다.

crowd-surfing
[kraud-sə́ːrfiŋ]

크라우드 서핑
A month later, 14-year-old Chris King

suffered fatal injuries when he was dropped on his head while crowd-surfing at the Masterdome. 한 달 후, 14세 먹은 크리스 킹은 마스터돔에서 크라우드 서핑을 시도하다가 머리가 바닥으로 떨어지는 바람에 중상을 당했다.

→ 캘리포니아 주 리버사이드에서 발행되는 일간지 『리버사이드 프레스 엔터프라이즈Riverside Press Enterprise』 2003년 9월 20일자 기사의 일부다. 크라우드 서핑은 록 콘서트 등에서 열기가 한껏 고조될 때에 가수가 무대에서 청중의 머리 위로 뛰어올라 엎어지면 청중이 손으로 그의 몸을 이동시키는 해프닝을 말한다.[40]

cultivate
[kʌltəvèit]

양성하다, 재배하다, 계발하다, 발전시키다

Happiness must be cultivated. It is like character. It is not a thing to be safely let alone for a moment, or it will run to weeds. 행복은 인격처럼 계발되어야 하는 것이다. 잠시나마 안전하게 홀로 놔둘 수 있는 게 아니다. 잡초가 무성해질 수 있기 때문이다.

→ 미국 작가 엘리자베스 스튜어트 펠프스Elizabeth Stuart Phelps, 1844~1911의 말이다.

curiosity
[kjùəriɑ́səti]

호기심

Curiosity is only vanity. Most frequently we wish not to know, but to talk. We would not take a sea voyage for the sole pleasure of seeing without hope of ever telling. 호기심은 허영심일 뿐이다. 우리는 알려고 하는 게 아니라 말하고 싶어 한다. 우리는 남에게 이야기하겠다는 희망 없이 오직 보는 기쁨만으로 항해를 하려고 하지는 않는다.

→ 프랑스 사상가 블레즈 파스칼Blaise Pascal, 1623~1662의 말이다.

The first and simplest emotion which we discover in the human mind, is curiosity. 우리가 인간의 마음에서 발견하는 첫 번째이자 가장 단순한 감정은 호기심이다.

→ 영국의 보수 사상가이자 정치가인 에드먼드 버크 Edmund Burke, 1729~1797의 말이다.

cynic
[sínik]

냉소주의자, 냉소적인cynical

A cynic is one who never sees a good quality in a man, and never fails to see a bad one. 냉소주의자는 사람의 좋은 점은 보지 않으면서 나쁜 점을 보는 데에는 귀신같은 사람이다.

→ 미국의 목사이자 노예 폐지 운동가였던 헨리 워드 비처Henry Ward Beecher, 1813~1887의 말이다.

A cynic is a man who knows the price of everything, and the value of nothing. 냉소주의자는 모든 것의 가격을 알지만 가치는 모르는 사람이다.

→ 영국 작가 오스카 와일드Oscar Wilde, 1854~1900의 말이다.

cynicism

[sínisìzm]

냉소冷笑, 냉소주의冷笑主義

Cynicism is an unpleasant way of saying the truth. 냉소주의는 진실을 싸가지 없이 말하는 방법이다.

→ 미국 극작가 릴리언 헬먼Lillian Hellman, 1905~1984의 말이다.

There is not a liberal America and a conservative America—there is the United States of America. There is not a Black America and a White America and Latin America and Asian America—there's the United States of America······Do we participate in a politics of cynicism or do we participate in a politics of hope? 리버럴 아메리카도 없고 보수 아메리카도 없습니다. 아메리카 합중국合衆國이 있을 뿐입니다. 흑인 아메리카도 없고 백인 아메리카도 없고 라틴 아메리카도 없고 아시안 아메리카도 없습니다. 아메리카 합중국이 있을 뿐입니다.······우리는 냉소의 정치에 참여해야 할까요 아니면 희망의 정치에 참여해야 할까요?[41]

→ 미국 일리노이 주 연방 상원의원 민주당 후보인 버락 오바마Barack Obama, 1961~가 2004년 7월 27일 민주당 전당대회 기조연설에서 한 말이다. 이 연설 하나로 무명의 오바마는 하루아침에 유명해져 상원의원에 당선되는 동시에 4년 후 민주당 대통령 후보 자리까지 쟁취하게 된다.

daring
[deəriŋ]

대담한, 용감한

Life is either a daring adventure or nothing. 인생이란 대담무쌍한 모험이거나 아무것도 아니다.

→ 시각·청각 장애인으로 큰 업적을 이룬 헬렌 켈러 Helen Keller, 1880~1968의 말이다.[1]

dawn
[dɔːn]

새벽, 동이 트다, 시작, 생각나다

The darkest hour is just before the dawn.
= The darkest hour is that before the dawn. 동트기 직전이 가장 어두운 법이다.

dazzling
[dǽzliŋ]

눈부신, 빛나는, 휘황찬란한

It seems as if the Almighty had spread before this nation charts of imperial destinies, dazzling as the sun. 신의 뜻으로

제국이 될 운명을 가진 이 나라는 강력함이 넘치며 태양처럼 빛난다.

→ 미국 예찬론을 많이 편 시인 월트 휘트먼Walt Whitman, 1819~1892의 말이다.[2]

dead-end
[dédénd]

막다른, 발전성이 없는, 밑바닥 생활의, 꿈도 희망도 잃은

Life is a dead-end street. 인생이란 막다른 골목이다.

→ 미국의 저널리스트 독설가로 유명한 헨리 루이 멩켄Henry Louis Mencken, 1880~1956의 말이다.

decay
[dikéi]

부패, 충치, 쇠퇴(하다), 붕괴(하다)

Without publicity there can be no public support, and without public support every nation must decay. 홍보가 없으면 공중의 지지가 없고, 공중의 지지가 없으면 나라가 쇠락한다.

→ 영국 정치가이자 작가인 벤저민 디즈레일리 Benjamin Disraeli, 1804~1881의 말이다.

deceit
[disíːt]

사기, 속임, 책략

To deceive a deceiver is no deceit. 사기꾼을 속이는 건 사기가 아니다.

deceive
[disíːv]

속이다, 기만하다, 현혹시키다, 거짓말을 하다

To deceive oneself is very easy. 자기 자신을 속이는 건 매우 쉽다.

When a person cannot deceive himself the chances are against his being able to deceive other people. 자기 자신을 속이지 못하면 남을 속일 수 있는 가능성도 낮다.

➜ 미국 작가 마크 트웨인Mark Twain, 1835~1910의 말이다.

deceiver
[disíːvər]

사기꾼

Despair is a greater deceiver than hope. 절망은 희망보다 더 큰 사기꾼이다.

➜ 프랑스 작가 보브나르그Vauvenargues, 1715~1747의 말이다.

declare
[diklеər]

선언하다, 공언하다, 선고하다

Most of the things worth doing in the world had been declared impossible before they were done. 이 세상에서 할 만한 가치가 있는 대부분의 일들은 그것들이 이루어지기 전에는 불가능하다고 공언되었던 것들이다.

➜ 미국 대법관 루이스 브랜다이스Louis D. Brandeis, 1856~1941의 말이다.

default
[difɔ́ːlt]

채무 불이행, 채무를 이행하지 않다, 애초 값

Ms. is intended as a default form of address for women, regardless of marital status. Ms.는 결혼 여부에 관계없이 여성을 부를 때에 쓰는 일반적인 호칭이다.[3]

default(디폴트)의 원래 뜻은 "채무불이행, 수행의 실패failure in performance"이나, 미리 정해져 있다는 의미의 presets이라는 뜻으로도 쓰인다. 『옥스퍼드영어사전』은 두 번째 뜻을 1960년대 중반부터 원래의 의미인 failure in performance의 변형으로 수록했다.[4] 컴퓨터 기술 분야에서는 어떤 값이나 설정치 등이 프로그램 사용자에 의해 지정되지 않았을 때, 컴퓨터 프로그램은 미리 정해져 있는 값이나 설정치 등을 사용하게 되는데, 이를 디폴트라고 한다. 우리는 우리가 사용하는 단어에 대해 어떤 '기본 가정'을 한다. 예컨대, '외과 의사'라고 하면 남자일 거라고 생각하는 식이다. 이런 기본 가정을 가리켜 default assumption이라고 한다.[5]

defeat
[difíːt]

패배(시키다)

Victory is sweetest when you've known defeat. 승리는 실패를 알 때 가장 달콤하다.

➔ 미국의 잡지 발행인 맬컴 포브스Malcolm Forbes, 1919~1990의 말이다.[6]

defecate
[défikèit]

배변하다, 대변을 보다, 찌꺼기가 제거되다, 제거하다

One resident angrily complained that the protesters "are defecating on our doorsteps". 한 주민은 시위자들이 우리 문간에 똥을 누고 있다고 화를 내며 불평했다.

➔ 2011년 9월 17일부터 시작된 '아큐파이 월스트리트Occupy Wall Street' 시위 때 시위자들이 집결한 주코티공원Zuccotti Park 인근 주민들이 터뜨린 불만 중 하나였다.[7]

have to defecate는 "똥이 마렵다"는 뜻이다.

defect
[díːfekt]

결함, 탈주, 장애, 이탈

The fundamental defect of fathers is that they want their children to be a credit to them. 아버지들의 근본적인 결함은 자식들이 그들에게 자랑거리가 되기를 원한다는 것이다.

➔ 영국 철학자 버트런드 러셀Bertrand Russell, 1872~1970의 말이다.

Every man has the defects of his qualities. 사람마다 장점과 그에 따르는 결점이 있는 법이다.

defend
[difénd]

방어하다, 지키다, 옹호하다, 변호하다, 보호하다

Even the lion has to defend himself against flies. 사자조차도 파리의 공격에 방어를 해야 한다.

defense
[diféns]

국방, 방위, 방어, 안보, 보호

Attack is the best form of defense. = Offense is the best defense. 공격은 최상의 방어다.

defer
[difəːr]

늦추다, 연기하다, 양보하다, 남의 의견에 따르다

Hope deferred makes the heart sick. 소망이 더디 이루어지면 그것이 마음을 상하게 하나니.

➔ 구약성서 「잠언Proverbs」 13장 12절에 나오는 말이다.

deficiency
[difíʃənsi]

부족, 결함

Gravity is a trick of the body devised to

conceal deficiencies of the mind. 근엄은 정신의 결핍을 감추기 위해 고안된 육체의 책략이다.

→ 17세기 프랑스 작가로 풍자와 역설의 잠언으로 유명한 라로슈푸코François de La Rochefoucauld, 1613~1680의 말이다.

degenerate
[didʒénərèit]

나빠지다, 퇴보하다, 타락하다, 타락한, 타락자

Men prefer to believe that they are degenerated angels, rather than elevated apes. 인간은 자신이 고상한 원숭이보다는 타락한 천사라고 믿는 걸 더 선호한다.

→ 영국 역사가 윌리엄 윈우드 리드William Winwood Reade, 1838~1875의 말이다.

dejection
[didʒékʃən]

낙담, 우울, 의기소침

Each successive generation worldwide since the opening of the twentieth century has lived with a higher risk than their parents of suffering a major depression—not just sadness, but a paralyzing listlessness, dejection, and self-pity, and an overwhelming hopelessness—over the course of life. 20세기 이후 지금 세대는 전 세계적으로 그들의 부모 세대보다 심각한 우울증(단순한 슬픔이 아니라 무기력함, 낙담, 자기연민, 압도적인 절망)에 시달릴 위험이 점점 더 커지고 있다.

→ 미국 심리학자 대니얼 골먼Daniel Goleman, 1946~의 말이다.[8]

delegate
[déligət, –gèit]

대표, 대의원, 위임하다

If I made one mistake, it was delegating all the product development and not going to a single meeting. 모든 제품 개발을 위임한 채 관련 미팅에 한 번도 참석하지 않은 것, 그것이 내가 저지른 실수였다.

➜ 크라이슬러 자동차의 CEO를 지낸 리 아이어코카 Lee Iacocca, 1924~의 말이다.[9]

delegation
[dèligéiʃən]

위임, 대표 파견, 대표단

Delegation is the most powerful tool leaders have. 권한 위임은 리더가 사용할 수 있는 최강의 무기다.

➜ 미국의 리더십 전문가 존 캘빈 맥스웰John Calvin Maxwell, 1947~의 말이다. 모든 일을 혼자 다 하려고 하지 말고 다음 단계를 위한 리더들을 키워야 한다는 말이다.[10]

deliberate
[dilíbərət]

심의하다, 심사숙고하다, 고의적인, 신중한

Take time to deliberate, but when the time for action has arrived, stop thinking and go in. 충분히 심사숙고하라. 그러나 행동의 시간이 오면 생각을 멈추고 뛰어들라.

➜ 나폴레옹 보나파르트Napoleon Bonaparte, 1769~1821의 말이다.

deliberation
[dilìbəréiʃən]

숙고, 토의, 심의

Deliberation is the work of many men.

Action, of one alone. 토의는 여러 사람의 일
이지만, 행동은 한 사람의 일이다.

→ 프랑스 지도자 샤를 드골Charles De Gaulle, 1890~1970의
말이다.

delirium
[dilíəriəm]

섬망譫妄, 정신착란, 헛소리를 하는 상태, 광란

The patient was very sick and in a
delirium. 환자는 너무 아파서 의식이 혼미했다.
delirium은 라틴어 deliro에서 나온 말이다. 정신
착란은 무시무시한 상태지만, 이 라틴어의 어원은
그렇게까지 심각한 의미는 아니다. 영어로 "to go
out of the furrow in plowing(쟁기질을 하는데 밭고
랑을 이탈하다)"이란 뜻에 불과하다. 밭고랑 이탈을
정신이 정상 궤도에서 이탈한 것으로 본 셈이다.
lapse into delirium은 "헛소리를 하다"는 뜻이다.[11]
(참고 furrow).

delude
[dilú:d]

속이다, 착각하게 하다, 현혹하다

The worst deluded are the self-deluded. 최
악의 기만은 자기기만이다.

→ 미국 작가 크리스천 네스텔 보비Christian Nestell
Bovee, 1820~1904의 말이다.

delusion
[dilú:ʒən]

환상, 망상, 현혹, 기만

No man is happy without a delusion of
some kind. Delusions are as necessary to
our happiness as realities. 어느 정도의 환상
(망상) 없이는 행복할 수 없다. 환상은 현실 못지

않게 우리 행복에 필요하다.

→ 미국 작가 크리스천 네스텔 보비Christian Nestell Bovee, 1820~1904의 말이다.

Love is the delusion that one woman differs from another. 사랑은 한 여자가 다른 여자와 다르다고 믿는 환상이다.

→ 독설가로 유명한 미국 저널리스트 헨리 루이 멩켄Henry Louis Mencken, 1880~1956의 말이다.

denial
[dináiəl]

부인, 부정, 거부

Denial ain't just a river in Egypt. 왜 뻔한 것을 자꾸 부정하고 거짓말 하는가.

→ 미국 작가 마크 트웨인Mark Twain, 1835~1910은 언젠가 너무나 뻔한 사실을 상대가 부인하자 이와 같이 말했다. 이 문장의 묘미에 대해 임귀열은 이렇게 말한다. "여기서 denial이라는 단어를 눈여겨볼 필요가 있다. 직역하면 '부인否認은 단순히 이집트의 강 이름이 아니다'라는 뜻이지만 사실은 The Nile의 언어적 유희다. 나일 강은 이집트에 있는 강인데 그가 한 말을 'The Nile is not just a river in Egypt'로 해석해 보면 메시지가 보인다. 직역하면 '나일 강은 이집트의 강만을 의미하는 것이 아니다'가 된다. The Nile을 발음이 비슷한 Denial~로 바꾸면 어떨까. '부인한다고 진실이 바뀌는 것은 아니다', '왜 뻔한 것을 자꾸 부정하고 거짓말 하는가'라는 의미가 된다."[12]

denounce
[dináuns]

비난하다, 반대하다, 매도하다

Every advance in civilization has been denounced as unnatural while it was recent. 문명의 모든 진보는 그것이 익숙해지기 전까지는 자연법칙에 반하는 걸로 매도돼 왔다.

➜ 영국 철학자 버트런드 러셀Bertrand Russell, 1872~1970 의 말이다.

dent
[dent]

움푹 파인 곳

We're here to put a dent in the universe. (I want to put a ding in the universe). Otherwise, why else even be here? 우리는 우주에 흔적을 남기기 위해 여기에 있다. (나는 우주에 충격을 남기고 싶다). 안 그러면, 도대체 여기 살고 있을 이유가 뭔가?[13]

➜ 애플의 스티브 잡스Steve Jobs, 1955~2011가 1980년대에 매킨토시 개발팀을 독려하며 자주 한 말로, 자존감의 극치를 잘 보여준다.

put a dent in은 "~을 움푹 파이게 하다", ding은 "가벼운 부딪힘, 쿵 소리(들이받을 때 나는 소리)"를 뜻한다.

deplorable
[diplɔ́ːrəbl]

비통한, 비참한, 지독한

As long as no political interpretations are attached to deplorable conditions, these conditions remain inert, posing no threat to the status quo. 비참한 상태를 정치적으로 해석하지 않는 한, 현상現狀에 아무런 위협도 되

지 못한 채 그 비참한 상태는 지속된다.

➡ 미국 정치학자 클라우스 뮬러Claus Mueller의 말이다.[14]

depth
[depθ]

깊이, 깊음

Remember that depth is the greatest of heights. 실력을 쌓는 것이 최고다.

desert
[dézərt] / [dizə́:rt]

사막, 황무지 / 버리다, 탈주하다, (복수 형태로) 응분의 상(벌)

He was rewarded according to his deserts. 공적에 따른 응분의 보상을 받았다.

The thief got his just deserts. 그 도둑은 마땅히 받아야 할 벌을 받았다.

He got his just deserts when he overslept and missed the last train. 그가 늦잠을 자느라 마지막 열차를 놓친 건 인과응보因果應報다.

just deserts는 "마땅히 받아야 할 벌(상)", get(meet with, receive) one's just deserts는 "응분의 보답(상, 벌)을 받다"는 뜻이다.[15]

deserve
[dizə́:rv]

~할 만하다, 받을 가치가 있다

It is better to deserve honors and not have them than to have them and not deserve them. 명예를 받을 자격이 있지만 받지 않는 것이 자격도 없으면서 명예를 누리는 것보다 더 낫다.

➡ 미국 작가 마크 트웨인Mark Twain, 1835~1910의 말이다.

We feel the President's many accom-
plishments haven't been given the
attention they deserve. 대통령의 많은 업적
이 정당한 주목을 받지 못하고 있는 것 같다.

➔ 2008년 12월 미국 백악관 대변인 카턴 캐럴Carton
Carroll이 퇴임을 앞둔 조지 부시George W. Bush의 업
적에 대해 긍정적으로 말할 수 있는 것들을 담은
메모에서 한 말이다. 이 메모는 각료들에게 전달되
었다.

desire
[dizáiər]

욕망

Advertising is the method by which the
desire is created for better things. 광고는
더 나은 것을 위해 욕망을 창조하는 방법이다.

➔ 미국 제30대 대통령(1923~1929년 재임) 캘빈 쿨리
지Calvin Coolidge, 1872~1933의 말이다.

욕구need가 생존에 절대적으로 필요한 것을 원
하는 것인 반면, 욕망desire은 생존에 절대적으
로 필요한 것이 아닌 것을 원하는 것을 가리키지
만, 보통 혼용되기도 한다. 『A Streetcar Named
Desire(욕망이라는 이름의 전차)』는 아서 밀러Arthur
Miller, 1915~2005와 함께 전후 미국 연극의 양대 산맥
의 역할을 해온 테네시 윌리엄스Tennessee Williams,
1911~1983의 희곡 제목이자 나중에 만들어진 영화
제목이다.

despair
[dispeər]

절망, 절망하다

You are as young as your faith, as old

as your doubt; as young as your self-confidence, as old as your fear; as young as your hope, as old as your despair. 확신을 가지고 살면 젊고 불안해하면 늙는다, 다시 말해 자신감 있으면 젊고 불안해하면 늙는 것이고 희망이 있으면 젊고, 절망 속에 살면 늙는 것이다.

➔ 미국 군인 더글러스 맥아더Douglas MacArthur, 1880~1964의 말이다.

Human life begins on the other side of despair. 인생은 절망의 이면에서부터 시작된다.

➔ 프랑스 철학자 장 폴 사르트르Jean-Paul Charles Aymard Sartre, 1905~1980의 말이다.

To face despair and not give in to it, that's courage. 절망의 순간에도 포기하지 않는 것이 용기다.

➔ 미국 방송 앵커 테드 코펠Ted Koppel, 1940~의 말이다.

desperation
[dèspəréiʃən]

절망, 자포자기自暴自棄

The Paradox of Change: The best time to do it is when it seems the least necessary. Why so? Because we're able to deal with it in a positive environment with clear heads, rather than the desperation and sometimes panic of troubled times. 변화의 역설: 변화를 시도하는 데에 가장 좋은 시점은 변화가 전혀 필요하지 않다고 여길 때다. 왜 그런가? 변화가 필요하다고 느끼는 어려운 상황

에서는 좌절과 심지어는 패닉 상태에 빠지는 반
면, 변화가 필요하지 않다고 느끼는 좋은 환경에
서는 차분하고 명석한 판단으로 대처할 수 있기
때문이다.

→ 미국의 리더십 전문가 데이비드 코트렐David Cottrell
이 『지도자여 들어라!Listen Up, Leader!』(2000)에서 한
말이다.[16]

desperation은 despair에 비해 더 강한 의미의 절
망이다. in desperation은 "절망해, 자포자기해",
exasperate a person to desperation은 "~을 화
나게 해 자포자기하게 하다"는 뜻이다.[17]

despicable
[déspikəbl]

비열한, 천한, 야비한

Nothing is more despicable than respect
based on fear. 두려움 때문에 갖는 존경심만큼
비열한 것은 없다.

→ 프랑스 작가 알베르 카뮈Albert Camus, 1913~1960의 말
이다.

despot
[déspət]

전제 군주, 폭군, 압제자

Absolute power corrupts even when
exercised for humane purposes. The
benevolent despot who sees himself as a
shepherd of the people still demands from
others the submissiveness of sheep. 절대 권
력은 선의의 목적으로 행사될 때에도 부패한다.
백성들의 목자를 자처하는 자비로운 군주는 그
럼에도 백성들에게 양과 같은 복종을 요구한다.

→ 미국 작가 에릭 호퍼Eric Hoffer, 1902~1983의 말이다.[18]

despotism
[déspətìzm]

전제, 폭정, 전제 정부

Bureaucracy, the rule of no one, has become the modern form of despotism. 관료제는 지배자 없는 체제로 전제 정부의 현대적 형태가 되었다.

→ 미국 작가 메리 매카시Mary McCarthy, 1912~1989의 말이다.

destination
[dèstənéiʃən]

목적지, 목표, 종착지

Happiness is not a destination. It is a method of life. 행복은 목적지가 아니다. 그것은 삶의 한 방법이다.

→ 미국 칼럼니스트 버턴 힐리스Burton Hillis, 1915~1977의 말이다.

destroy
[distrɔ́i]

파괴하다, 파기하다, 훼손하다

The best way to destroy an enemy is to make him a friend. 적을 이기는 최선의 방법은 그를 친구로 만드는 것이다.

→ 미국 제16대 대통령 에이브러햄 링컨Abraham Lincoln, 1809~1865의 말이다.[19]

determine
[ditə́:rmin]

결정하다, 결심하다, 결의하다

Your habits will determine your quality of life. 습관이 삶의 질을 결정한다.

The press is the bible of democracy, the

book out of which a people determines its conduct. 언론은 국민이 행동을 결정하는 근거로 삼는 책, 즉 민주주의의 성경이다.

➜ 미국 칼럼니스트 월터 리프먼Walter Lippmann, 1889~1974의 말이다.[20]

determination
[ditə̀ːrmənéiʃən]

결정, 결의, 결심

You've got to get up every morning with determination, if you're going to go to bed with satisfaction. 만족감을 느끼면서 잠자리에 들려면 매일 아침 결의를 다지면서 일어나야 한다.

➜ 미국 저널리스트 조지 호러스 로리머George Horace Lorimer, 1869~1937의 말이다.

deteriorate
[ditíəriərèit]

~이 악화되다, 퇴폐하다, 나쁘게 하다

America will rule Britain by their energy but they will deteriorate it by their low ideas and want of culture. 미국은 자신들이 가진 힘을 통해 영국을 지배하려 들 것이다. 결국 미국의 질 낮은 사상과 빈약한 문화로 인해 영국은 황폐화될 것이다.

➜ 19세기 후반 미국의 영향력을 두려워했던 영국 비평가 매슈 아널드Matthew Arnold, 1822~1888의 말이다.[21]

deviant
[díːviənt]

벗어난, 비정상적인(사람)

In the medieval era, solitary wandering was a symptom of insanity. No one would run such a risk who was not deviant or mad. 중세에는 혼자 돌아다니는 것이 정신 이상의 증세로 간주되었다. 미쳤거나 성격 이상자가 아니라면 그런 위험을 감수하려 하지 않았다.

→ 프랑스의 중세 역사가 조르주 뒤비Georges Duby, 1919~1996가 자아에 대한 인식이나 현대적 개인의 개념은 중세가 저물어 가던 시기에 탄생한 것이라며 한 말이다.[22]

devotion
[divóuʃən]

헌신, 정성

Even when the individual is prompted to give himself in devotion to a cause or community, the will-to-power remains. 개인이 대의大義나 공동체에 헌신하기 위해 자신의 모든 걸 바칠 때조차도 권력에의 의지는 여전히 갖고 있다.

→ 미국의 신학자이자 정치학자인 라인홀드 니부어 Reinhold Niebuhr, 1892~1971의 말이다.[23]

devout
[diváut]

독실한, 경건한, 성실한

Danger makes men devout. 위험은 사람을 경건하게 만든다.

differ
[dífər]

다르다, 차이가 나다, 생각이 다르다, 의견을 달리하다

I beg to differ from you. 실례지만 찬성할 수 없습니다.

I beg your pardon이나 Excuse me와 같은 표현

의 연장선상에 있는 공손한 표현이다.[24]

Love is the delusion that one woman differs from another. 사랑이란 한 여자가 다른 여자와는 다르다고 보는 망상이다.

➔ 미국의 저널리스트 독설가로 유명한 헨리 루이 멩켄Henry Louis Mencken, 1880~1956의 말이다.

dignity
[dígnəti]

존엄, 품위, 위엄

All human beings are born free and equal in dignity and rights. They are endowed with reason and conscience and should act towards one another in a spirit of brotherhood. 모든 사람은 태어날 때부터 자유롭고, 존엄성과 권리에 있어서 평등하다. 사람은 이성과 양심을 부여 받았으며 서로에게 형제의 정신으로 대해야 한다.

➔ 1948년 12월 10일 국제연합 총회에서 채택된 세계인권선언Universal Declaration of Human Rights 제1조다.

dim
[dím]

어두운, 불투명한, 우둔한

His chances of survival are dim. 그의 생존 가능성은 희박하다.

take a dim view of는 "~을 의심스럽게(회의적으로) 보다"로, 20세기 중반부터 쓰인 말이다.[25]

diplomat
[dípləmæt]

외교관

A diplomat is a man who always remembers a woman's birthday but never remembers her age. 외교관은 여자의 생일을 기억할 뿐 나이는 기억하지 않는 사람이다.

➡ 미국 시인 로버트 프로스트Robert Frost, 1874~1963의 말이다.

disappear
[dìsəpíər]

사라지다, 없어지다, 자취를 감추다

When we remember we are all mad, the mysteries disappear and life stands explained. 우리가 모두 미쳤다는 걸 상기할 때에 미스터리는 사라지고 인생이 설명된다.

➡ 미국 작가 마크 트웨인Mark Twain, 1835~1910의 말이다.

disappointment
[dìsəpɔ́intmənt]

실망, 낙담

Disappointment is often the salt of life. 실망은 자주 인생의 소금이다.

➡ 미국의 종교개혁가 시어도어 파커Theodore Parker, 1810~1960의 말이다.

disarm
[disáːrm]

군비를 축소하다, 무기를 버리다, (노여움을) 가라앉히다, 적의를 없애다

Women are never disarmed by compliments. Men always are. 여성은 찬사를 받는다고 해서 경계를 푸는 법이 없지만 남성은 늘 정반대다.

➡ 영국 작가 오스카 와일드Oscar Wilde, 1854~1900의 말이다.

Religion disarms death of its terror. 종교를 믿으면 죽음이 두렵지 않게 된다.

disarm (A) of (B)는 "A에서 B를 없애다"는 뜻이다.

discharge
[distʃɑ́ːrdʒ]

제대하다, 방출하다, 퇴원하다, 해고하다, 석방하다

What man actually needs is not a tensionless state but rather the striving and struggling for some goal worthy of him. What he needs is not the discharge of tension at any cost, but the call of a potential meaning waiting to be fulfilled by him. 인간에게 실제로 필요한 것은 긴장이 없는 상태가 아니라 자신에게 가치가 있는 목표를 위해 노력하고 투쟁하는 것이다. 인간에게 필요한 것은 어떻게든 긴장에서 벗어나는 것이 아니라 그 자신이 실현할 수 있는 잠재적 의미를 찾는 것이다.[26]

➔ 오스트리아 정신분석학자 빅토어 프랭클Viktor E. Frankl, 1905~1997의 말이다.

discipline
[dísəplin]

기강, 징계, 규율, 훈련, 훈육

He learned too late that courage and discipline are good things but only if they serve a good cause. 그는 용기와 규율이 좋은 대의를 위해 쓰일 때에만 좋은 것이라는 걸 너무 늦게 깨달았다.

➔ 제2차 세계대전 때 독일 장군이었던 에르빈 로멜 Erwin Rommel의 아들로 슈투트가르트 시장인 만프레드 로멜Manfred Rommel, 1929~이 1985년 텔레비전 인터뷰에서 한 말이다.

discontent

[dìskəntént]

불만, 불만스러운, 불평

Discontent is the first step in the progress of a man or a nation. 불만은 개인과 국가 발전의 첫 걸음이다.

➔ 영국 작가 오스카 와일드Oscar Wilde, 1854~1900의 말이다.

At the end of every day of every year, two things must remain unshakable: our constancy of purpose and our continuous discontent with the present. 매년 매일을 끝낼 때 두 가지만큼은 변함이 없어야 한다. 그 두 가지는 우리 목표의 항상성과 현재에 대한 우리의 끊임없는 불만족이다.

➔ 1980년에서 1997년까지 미국 코카콜라 회장을 지낸 로버트 고이주에타Robert Goizueta, 1931~1997의 말이다.

discover

[dìskʌvər]

발견하다

The best feeling in the world is to discover yourself. To discover what it is you're good at. 이 세상에서 최고로 기분 좋은 것은 자기 자신을 발견하는 것이지요. 자신이 무엇에 재능이 있는지를 발견하는 것 말입니다.

➔ 미국 영화감독 조지 루카스George Lucas, 1944~가 2002년 언론 인터뷰에서 자신의 대학 1학년 시절을 회상하면서 한 말이다. 그는 자동차에 미쳐 지내다가 20세 때인 1964년에 서던캘리포니아대학교University of Southern California 영화학과에 들어가 첫

학기를 보내면서 영화야말로 자신의 인생이라는 걸 알게 되었다고 한다.[27]

discretion
[diskréʃən]

신중, 분별, 재량

Discretion in speech is more than eloquence. 말할 때 신중한 것이 달변보다 낫다.

→ 영국 철학자 프랜시스 베이컨Francis Bacon, 1561~1626 의 말이다.

disgrace
[disgréis]

불명예, 부끄러운, 명예를 더럽히다

Poverty is no disgrace, but it is a great inconvenience. 가난은 창피한 것은 아니지만 큰 불편이다.

disguise
[disgáiz]

위장, 숨기다, 가장하다

Noble words can be the disguise of base intentions. 고상한 말은 야비한 의도의 위장일 수 있다.

dishonest
[disánist]

부정직한, 부정한, 눈속임의, 불성실한

Having a big desk makes you dishonest: How expensive cars and large chairs breed corruption. 큰 책상을 갖는 것은 당신을 부정직하게 만든다: 어떻게 비싼 차와 큰 의자가 부패를 키우는가.

→ 『Mail Online』 2013년 6월 25일자에 실린 기사 제목이다. 이 기사는 큰 책상이나 비싼 차가 사람을 부정직하고 부패하게 만든다는 내용으로, 앤디

앱Andy Yap MIT 교수의 연구 결과를 다룬 것이다.[28] 이 기사를 소개한 『조선일보』(2013년 6월 28일)는 다음과 같이 말한다. "돈도 없고 권력도 없는 사람은 일상생활의 모든 공간이 좁다. 그렇다 보니 축 처진 웅크린 자세를 갖게have a slumped and constricted posture 되고, 이는 학습된 무력감과 스트레스를 가져온다induce a state of learned helplessness and feelings of stress. 반면 널따란 사무실 거대한 책상에 앉아 있는sit behind an enormous desk in a cavernous office 기업인은 탐욕적이 되기 쉽다. 권력을 갖고 있다고 느끼면 더욱 자신의 사리사욕과 목적에 따라 행동하고act on their own self-interests and goals 자기에게 돌아오는 것에 집착하게focus on rewards 된다."[29]

dishwater
[díʃwɔ́:tər]

개숫물, 접시 씻은 뒤의 구정물

Programs on that channel are as dull as dishwater. 그 채널의 프로그램들은 몹시 지루할 정도로 재미가 없다.

dishwater는 비유적으로 멀건 수프(커피), 싱거운 음료, 내용 없는 이야기 등을 가리키기도 한다. as dull as dishwater는 "몹시 지루한"이란 뜻이다. 원래는 ditchwater(도랑에 괸 물)였는데, dishwater로 바뀐 것이다. as dull as ditchwater(침체될 대로 침체되어, 실로 형편없는)라는 말도 여전히 쓰이고 있다.[30]

disinterested
[disíntərèstid]

공평한, 냉담한, 관심이 없는

The judge was disinterested all along. 판사는 내내 공평했다.[31] (참고 uninterested).

disorganize
[disɔ́ːrɡənàiz]

~의 조직을 파괴하다, ~을 혼란시키다

Destroy your corporation before a competitor does! Disorganize! And keep disorganizing! 경쟁자의 손에 당하기 전에 당신의 기업을 먼저 파괴하라! 조직을 파괴하라! 계속 파괴해 나가라!

➜ 미국의 경영 컨설턴트 톰 피터스Tom Peters, 1942~가 1992년에 출간한 『해방경영Liberation Management』에서 한 말이다.[32]

dispositionism
[dispəzíʃənìzm]

기질주의

"Dispositionism" describes the belief that our choices manifest solely from who we are and are not influenced by either the environment or situations in which we find ourselves. It's an appealing notion, especially because it provides us with a sense of complete control over our own destinies. It persists even though social psychologists have proven repeatedly that even as cling to the belief that we have complete control over our choices, our decisions are heavily swayed by forces we often don't even notice. 기질주의에 따르면, 사람들의 선택에 영향을 미치는 것은 오로지 그 사람의 본질뿐이며 주변 환경이나 그 사람이 처한 상황은 전혀 영향을 미치지 않는다. 우리가 우리 운명을 완전히 손에 쥐고 있다는 뜻이니

참으로 매력적이다. 우리가 알아차리지도 못하는 여러 요소들이 사람들의 결정에 커다란 영향을 미친다는 사실을 사회심리학자들이 거듭 증명했는데도 기질주의는 여전히 끈질기게 생명을 이어가고 있다.[33]

→ 미국 미디어 운동가 수전 린Susan Linn의 말이다. 어린이들을 광고의 악영향으로부터 보호하는 운동을 하는 린은 마케팅 전문가들이 기질주의를 자신들의 방패로 삼는다고 비판한다.

dispute
[dispjúːt]

분쟁, 논쟁, 문제, 갈등, 쟁의

A long dispute means that both parties are wrong. 오랜 논쟁은 양쪽 모두 틀리다는 것을 의미한다.

→ 프랑스 사상가 볼테르Voltaire, 1694~1778의 말이다.

dissatisfaction
[dìssætisfǽkʃən]

불만, 불평, 불만의 원인

Dissatisfaction is a sign of people who are walking on the road and not standing still. 불만은 한 곳에 정체돼 있지 않고 앞으로 나아가는 인간의 표식이다.

→ 러시아 작가 레프 톨스토이Lev Tolstoy, 1828~1910의 말이다.

dissatisfied
[dissætisfàid]

불만인, 불만스러운, 만족 못한

It is better to be a human being dissatisfied than a pig satisfied; better to be Socrates dissatisfied than a fool satisfied. 만족하는 돼지보다는 불만족하는 인간이 더 낫고, 만족하는 바보보다는 불만족하는 소크라테스가 더 낫다.

→ 영국 철학자 존 스튜어트 밀John Stuart Mill, 1806~1873의 말이다.

We are less dissatisfied when we lack many things than when we seem to lack but one thing. 우리는 어느 한 가지가 없을 때보다는 여러 가지가 없을 때에 덜 불만족스러워한다.

→ 미국 작가 에릭 호퍼Eric Hoffer, 1902~1983의 말이다.

a dissatisfied look은 '불만스러운 듯한 표정'이다.

disservice
[dissə́:rvis]

구박, 해, 학대

A Sad Story: Mike Daisey didn't just break the rules of journalism. He did a disservice to his own art. 슬픈 이야기: 마이크 데이지는 저널리즘 윤리뿐만 아니라 자신의 예술도 망쳤다.[34]

→ 『뉴욕타임스』 기자 제이슨 지노먼Jason Zinoman이 『슬레이트Slate.com』에 기고한 글의 제목이다. 그 사연인즉슨 이렇다. 미국에서 사회 참여형 1인극 배우로 유명한 마이크 데이지Mike Daisey, 1976~는 2010년 1월부터 애플사를 고발하는 1인극 〈스티브 잡스의 고뇌와 황홀The Agony and the Ecstasy of Steve Jobs〉로 큰 인기를 누리다가, 2010년 5~6월 중국 선전의 애플 부품 제조사인 폭스콘을 직접 방문해 공장 노동자 수백 명에게 들었다는 '스토리'를 소개해 많은

미국인에게 충격을 안겼다. 그런데 그 스토리의 상
당 부분이 조작된 것으로 밝혀져 또 한 번 충격을
주었다.[35] 지노먼은 이 글에서 사과조차 거부하는
데이지의 뻔뻔한 태도를 사실을 무시하는 걸로 악
명惡名을 떨치면서도 지지자들에겐 높은 인기를 누
리는 우익 논객 글렌 벡Glenn Beck에 비유했다.

disillusion
[dìsilúːʒən]

환멸, 각성

Love is the child of illusion, and the
parent of disillusion. 사랑은 착각의 자식이요
환멸의 부모다.

➡ 스페인 작가 미겔 데 우나무노Miguel de Unamuno,
1864~1936의 말이다.

disinfectant
[dìsinféktənt]

소독력이 있는, 살균성의, 소독약, 살균제

There is no disinfectant like success. 성공
처럼 좋은 살균제는 없다.

➡ 미국 역사가 대니얼 부어스틴Daniel J. Boorstin, 1914~
2004의 말이다.

distance
[dístəns]

거리, 먼 곳, 간격

Distance is a great promoter of admiration!
멀리 떨어져 있을 때에만 숭배할 수 있다!

➡ 프랑스 철학자 드니 디드로Denis Diderot, 1713~1784의
말이다.

The foolish man seeks happiness in the
distance, the wise grows it under his feet.
어리석은 사람은 행복을 먼 데서 찾는다. 현명한

사람은 행복을 자신의 발밑에서 키운다.

→ 미국 작가 제임스 오펜하임James Oppenheim, 1882~
1932의 말이다.

in the distance는 "먼 곳에, 저 멀리"란 뜻이다.

distrust
[distrʌst]

불신, 불신하다

The older I grow the more I distrust the familiar doctrine that age brings wisdom. 나이 먹을수록 지혜로워진다는 말이 있다. 그러나 나는 나이를 먹을수록 그 말을 더 불신하게 된다.

→ 미국의 저널리스트 독설가로 유명한 헨리 루이 멩켄Henry Louis Mencken, 1880~1956의 말이다.

diversity
[divə́ːrsəti]

다양, 다양성

There never was in the world two opinions alike, no more that two hairs, or two grains. The most universal quality is diversity. 세상에는 똑같은 의견이 없으며 두 개의 머리카락도 두 개의 곡식알도 같은 게 없다. 세상의 법칙은 다양성이다.

→ 프랑스의 사상가 몽테뉴Michel de Montaigne, 1533~1592의 말이다.[36]

dog-eat-dog
[dɔːg-iːt-dɔːg]

경쟁이 치열한, 인정사정없는

It's a dog-eat-dog world. 세상은 살벌하다.

dogmatist

[dɔ́:gmətist]

교조주의자

Those who enshrine the poor or Have-Nots are as guilty as other dogmatists and just as dangerous. To diminish the danger that ideology will deteriorate into dogma, and to protect the free, open, questing, and creative mind of man, as well as to allow for change, no ideology should be more specific than that of America's founding fathers: "For the general welfare". 무산자들, 혹은 가난한 자들을 신격화하는 사람들은 다른 교조주의자들과 똑같은 잘못을 저지르고 있으며, 또한 그들만큼이나 위험하다. 이데올로기가 독단적 교리로 타락할 위험을 감소시키고, 인간의 자유롭고 열려 있으며 탐구적이고 창조적인 정신을 보호하고 동시에 변화가 가능하도록 하기 위해서는, 그 어떤 이데올로기도 '모두의 행복을 위해서'라는 미국의 헌법 제정자들의 이데올로기보다 더 구체적이어서는 안 된다.

➔ 미국의 급진적 빈민운동가이자 지역사회 조직가 community organizer인 솔 알린스키Saul Alinsky, 1909~1972의 말이다.[37]

dread

[dred]

두려워하다, 불안, 공포

Liberty means responsibility. That is why most men dread it. 자유는 책임을 의미한다. 많은 사람들이 자유를 두려워하는 건 바로 그런

이유 때문이다.

→ 영국 작가 조지 버나드 쇼George Bernard Shaw, 1856~1950의 말이다.

Pride is an admission of weakness; it secretly fears all competition and dreads all rivals. 자만심은 약하다는 걸 인정하는 것이다. 내심 모든 경쟁을 두려워하고 모든 경쟁자들을 무서워하기 때문이다.

→ 미국의 가톨릭 대주교 풀턴 신Fulton J. Sheen, 1895~1979의 말이다.

dreary
[dríəri]

음울한, 지루한

What makes life dreary is want of motive. 동기의 결여는 인생을 지루하게 만든다.

→ 영국 소설가 조지 엘리엇George Eliot, 1819~1880의 말이다.

drown
[draun]

익사하다, 물에 빠지다, 몰아내다

We're drowning in information and starving for knowledge. 우리는 흘러넘치는 정보에 익사당할 지경이면서도 지식엔 굶주려 있다.

Whisky drowns some troubles and floats a lot more. 위스키는 일부 근심거리를 몰아내지만 동시에 더 많은 근심거리를 만들어낸다.

dude
[dju:d]

멋쟁이, 사내, 놈, 녀석

I never believed in Santa Claus because I

knew no white dude would come into my neighbourhood after dark. 나는 산타클로스를 믿은 적이 없다. 저녁 이후 내가 사는 동네에는 그 어떤 백인도 들어오지 않는다는 걸 알았기 때문이다.

➔ 흑인 코미디언 딕 그레고리Dick Gregory, 1932~의 말이다.

eccentric
[ikséntrik]

별난, 괴상한, 괴짜(인)

He has eccentric ways. 그에게는 이상한 버릇이 있다.

eccentric은 "중심에서 벗어난off centre"이란 뜻을 가진 그리스어 ex kentron에서 유래된 단어로, 바퀴 만들기에서 나온 말이다. 바퀴를 만들 때에 가장 중요한 것은 바퀴의 중심으로부터 땅에 닿는 바퀴의 표면이 모두 같은 거리를 유지하게끔 하는 것이다. 즉 완전한 원형이 되게끔 중심을 잘 잡는 것인데, 이게 말처럼 쉬운 일이 아니었다. 중심에서 벗어난 바퀴가 적잖이 생산되었던 만큼 이를 비유적으로 사람에 적용하는 건 당연한 일이었는지도 모르겠다. 중심에서 벗어났으니 괴짜 취급을 받을 수밖에. '중심을 달리하는'이란 뜻으로서의 eccentric의 반대말은 concentric(중심이 같은)이다. concentric은 concentrate(집중하다), concentration(집중)과 같은 계열의 단어다. concentric fire는 "(군대 용어로) 집중포화"란 뜻이다.[1]

eccentricity
[èksəntrísəti]

기행, 별남, 비정상, 괴팍함

Eccentricity: A method of distinction so cheap that fools employ it to accentuate their incapacity. 기행: 별로 비용 안 들이고 유명해지는 방법. 그 때문에 바보들이 자신의 무능함을 과시하고자 곧잘 이 방법을 쓴다.

➡ 미국 독설가 앰브로즈 비어스Ambrose Bierce, 1842~1914가 『악마의 사전』에서 내린 정의다.[2]

eliminate
[ilímənèit]

없애다, 제거하다, 죽이다

The art of living lies not in eliminating but in growing with troubles. 문제점들을 제거하는 게 아니라 그것들과 더불어 성장하는 데에 삶의 지혜가 있다.

➡ 미국 금융인으로 제31대 대통령 프랭클린 루스벨트 시절에 대통령 보좌관으로 뉴딜정책과 전시경제정책 수립에 참여했던 버나드 바루크Bernard M. Baruch, 1870~1965의 말이다. 그는 1947년 사우스캐롤라이나의 컬럼비아에서 연설을 하면서 '냉전cold war'이라는 말을 처음 사용했다.[3]

eloquence
[éləkwəns]

웅변, 달변, 능변

Eloquence is logic on fire. 능변能辯은 불타오르는 논리다.

> 미국 목사 라이먼 비처Lyman Beecher, 1775~1863의 말
> 이다.

eloquent
[éləkwənt]

웅변의, 달변의, 능변의, 설득력 있는

Silence is more eloquent than words. 침묵
은 말보다 더 능변이다.

> 영국 역사가 토머스 칼라일Thomas Carlyle, 1795~1881이
> 『영웅과 영웅 숭배On Heroes and Hero-Worship』(1840)
> 에서 한 말이다. 이런 침묵을 가리켜 eloquent
> silence라고 한다.[4]

Eyes are more eloquent than lips. 눈은 입
보다 더 능변이다. 즉, 더 풍부하게 감정을 표현
한다.

be eloquent of는 "~을 생생하게 표현하다(나타내
다)"는 뜻이다.[5]

embarrassment
[imbǽrəsmənt]

당황, 부끄러움, 골칫거리

Avoid embarrassment-use Parker Pens.
파커 펜은 소비자를 당황하게 하지 않습니다.

> 파커 펜의 광고 카피다. 이 회사는 중남미 시장에
> 진출해 똑같은 광고를 했지만 실패하고 말았다.
> embarrassment에 해당하는 스페인 단어는 '임신'
> 을 의미하는 단어로도 사용되었기 때문이다. 즉,
> "파커 펜을 쓰면 임신을 하지 않습니다"라는 말이
> 된 꼴이다.[6]

empower
[impáuər]

권리를 주다, 지위를 향상시키다, ~할 수 있게 하다

Necessity is the mother of invention,

but it has often struck me that the most needy are often the least empowered to invent. 필요는 발명의 어머니라지만, 가장 가난한 사람들은 발명을 할 수 있는 조건이 최악이라는 걸 깨닫게 되었습니다.

➔ 제3세계 빈민을 위한 실용적 발명에 헌신하는 미국 기계공학자 에이미 스미스Amy Smith가 2000년 언론 인터뷰에서 한 말이다.[7]

endure
[indjúər]

견디다, 참다

One can endure sorrow alone, but it takes two to be glad. 슬픔은 홀로 견딜 수 있지만 기쁨은 둘이 나눠야 한다.

➔ 미국 작가 엘버트 허바드Elbert Hubbard, 1856~1915의 말이다.

enemy
[énəmi]

적敵

Alcohol may be man's worst enemy, but the bible says love your enemy. 술은 인간의 최악의 적이지만 성서는 원수를 사랑하라고 하지 않았는가.

➔ 미국 가수이자 배우인 프랭크 시나트라Frank Sinatra, 1915~1998의 말이다.[8]

My job to the Muslim world to communicate that the Americans are not your enemy. 이슬람 세계에 내가 전하고 싶은 메시지는 미국인들이 이슬람의 적이 아니라는 사실이다.

→ 2009년 1월 버락 오바마Barack Obama, 1961~가 미국 대통령 취임 직후 중동 지역 케이블 TV 네트워크 인 알아라비아al-Arabiya와 가진 회견에서 한 말이 다.[9]

energetic
[ènərdʒétik]

힘이 넘치는, 활기찬, 정력적인, 활동적인

The world belongs to the energetic. 정력적 인 사람을 당해낼 길은 없다.

→ 미국 철학자 랠프 월도 에머슨Ralph Waldo Emerson, 1803~1882의 말이다.

enjoyment
[indʒɔ́imənt]

즐거움, 즐김

Enjoyment is not a goal, it is a feeling that accompanies important ongoing activity. 즐거움은 목표가 아니라 삶의 중요한 활동에 수 반되는 느낌이다.

→ 미국 작가 폴 굿맨Paul Goodman, 1911~1972의 말이다.

enough
[inʌf]

충분한, 충분히, 만큼의

Enough is enough! 참을 만큼 참았다! 더 이 상은 못 참겠다!

→ 고대 로마 시절부터 쓰이던 말로, 2008년 미국 대 선에서 버락 오마바Barack Obama, 1961~ 진영이 초기 에 내걸었던 선거 구호다. 비슷한 표현으로 "I've had it!", "That does it!" 등이 있다.

enslavement
[insléivmənt]

노예 상태, 예속, 노예로 만들기

The scientific methodology of contemporary opinion research raises a form of enslavement that is restricting and soul-destroying to degrees hitherto unknown. Before, politicians had to guess what people wanted······that uncertainty creates an opening for taking a position closer to one's convictions. Under current conditions, however, there is almost no uncertainty. 오늘날 여론조사의 과학적 방법론은 지금까지 알려지지 않은 정도로 제약적이고 정신을 파괴하는 노예화의 한 형태를 만들어내고 있다. 이전에 정치가들은 사람들이 무엇을 원하는지를 추측해야만 했다. 그러한 불확실성은 정치가로 하여금 자신의 신념에 더 가까운 어떤 입장을 취할 수 있게 하였다. 그러나 현재의 상황에서 불확실성이란 거의 없다.

➜ 미국의 논픽션 작가 수잔나 레저드Suzannah Lessard가 『워싱턴 먼슬리The Washington Monthly』(1996년 1·2월호)에 기고한 「여론 조사가들을 추방하라Banish the Pollsters」는 글에서 한 말이다. 레저드는 지도자 지망생들의 정신은 여론조사 기술에 의해 식민화되고 있다고 개탄했다.[10]

entail
[intéil]

~을 수반하다, 필요로 하다

Democracy, as Lincoln defined it, is the government of the people, by the people, for the people. And I say that bourgeois capitalist democracy does not entail any of these elements, because I wonder how one can speak of democracy in a country where there is a minority with huge fortunes and others who have nothing. 링컨이 말했듯이, 민주주의는 국민의, 국민에 의한, 국민을 위한 정부입니다. 부르주아 자본주의 민주주의는 이런 요소들을 전혀 갖고 있지 않습니다. 엄청난 재산을 가진 소수의 사람들과 아무것도 갖지 못한 다수의 사람들이 공존하는 나라에서 어떻게 민주주의를 말할 수 있습니까.

➔ 쿠바의 지도자 피델 카스트로Fidel Castro, 1926~가 1992년 영국 『가디언』과의 인터뷰에서 한 말이다. 그는 이 인터뷰에서 쿠바가 미국과는 비교할 수 없을 정도로 훨씬 더 민주적이라고 주장했다.[11]

enthusiasm
[inθúːziæzm]

열정, 열광, 열의, 열망

Enthusiasm: A distemper of youth, curable by small doses of repentance in connection with outward applications of experience. 열광: 젊은이들이 걸리기 쉬운 병. 경험이라는 연고를 바르면서 후회라는 내복약을 조금씩 복용하면 낫는다.

➔ 미국 독설가 앰브로즈 비어스Ambrose Bierce, 1842~1914가 『악마의 사전』에서 내린 정의다.[12] enthusiasm은 '안에'를 뜻하는 그리스어 'en'과 '신'을 뜻하는 그리스어 'theos'의 두 단어에서 유래되었다. enthusiastic은 '열렬한, 열광적인', enthuse는 '열변을 토하다, 열광해서 말하다'는 뜻이다.

entitle

[intáitl]

자격을 주다, 제목을 붙이다

His station entitled him to certain courtesies rarely accorded others. 그의 지위 때문에 일반에게는 좀처럼 주어지지 않는 어떤 특별한 대우가 그에게 베풀어졌다.

A woman is just as entitled to enjoy oneself as a man. 여자에게도 남자와 똑같이 즐길 권리가 있다.

be entitled to는 "~의 권리가 있다, ~할 자격이 있다"는 뜻이며, entitlement는 그럴 만한 자격과 권리가 있다는 걸 함축하는 단어다. sense of entitlement는 나르시시즘에 빠진 사람들의 특성이다.[13] entitlement program(인타이틀먼트 프로그램)은 특정 그룹 또는 인구의 일부에게만 혜택이 돌아가게끔 보장하는 정부 정책을 말한다. 심리학에선 자신의 권리와 자격을 과대평가하는 것과 관련해 "narcissistic entitlement"라는 말을 쓴다.[14] 2012년 6월 25일 데이비드 캐머런(46·보수당) 영국 총리는 복지정책 개혁안을 발표하면서 국민이 국가에 무엇인가를 계속 요구하는 영국 고유의 '권리의 문화culture of entitlement'를 끝내자고 역설했다. 17개 항목의 개혁안은 복지국가의 근간은 유지하되 혜택을 무조건 제공하지 않고 수혜자들에게 더 까다로운 조건을 요구하는 게 핵심이었는데, 『가디언』 등 영국 언론들은 '온정적 보수주의compassionate conservatism의 종말'이라고 해석했다.[15]

119

envious
[énviəs]

부러워하는, 질투하는, 시기하는

As iron is eaten away by rust, so the envious are consumed by their own passion. 녹이 철을 잠식해 가듯 부러워하는 마음은 심신을 갉아먹는다.[16]

epitaph
[épitæf]

묘비명, 비문체의 시문

I wish to have as my epitaph: "Here lies a man who was wise enough to bring into his service men who knew more than he." 나는 내 묘비명에 이렇게 적고 싶다. "여기 자신보다 많이 아는 사람들이 자신을 돕게끔 할 정도로 현명한 사람이 잠들고 있다."

➔ 미국의 철강 왕 앤드루 카네기Andrew Carnegie, 1835~1919의 말이다.

erudite
[érjudàit]

박식한, 유식한, 한국적인

His speeches seem erudite, but analysis reveals them to be mere claptrap. 그의 이야기는 박식한 것 같지만 분석해 보면 속빈 강정 같은 것임을 알 수 있다.[17] (참고 claptrap).

essence
[ésns]

본질, 정수, 핵심, 실체

Desire is the essence of a man. 욕망은 인간의 본질이다.

➔ 네덜란드 철학자 베네딕트 스피노자Benedict Spinoza, 1632~1677의 말이다.

estimate
[éstəmèit]

추정하다, 예상하다, 전망하다, 측정하다

The first method for estimating the intelligence of a ruler is to look at the men he has around him. 지도자의 능력을 평가하는 첫 번째 방법은 주변의 참모들을 보는 것이다.

→ 이탈리아 정치가이자 사상가인 마키아벨리Niccolò Machiavelli, 1469~1527의 말이다.

evacuate
[ivǽkjuèit]

비우다, 배설하다, 철수하다

The rapture of love evacuated his mind of reason. 사랑에 빠진 나머지 그는 이성을 잃었다.[18]

evidence
[évədəns]

증거, 근거, 흔적, 단서

Where there is evidence, no one speaks of 'faith'. We do not speak of faith that two and two are four or that the earth is round. We only speak of faith when we wish to substitute emotion for evidence. 증거가 있으면 그 누구도 신앙을 말하지 않는다. 우리는 2 더하기 2는 4라거나 지구는 둥글다는 걸 신앙이라고 말하지 않는다. 우리는 증거를 감정으로 대체하고 싶을 때에만 신앙을 말할 뿐이다.

→ 영국 철학자 버트런드 러셀Bertrand Russell, 1872~1970이 「Will Religious Faith Cure Our Troubles?(종교적 신앙이 우리의 문제들을 해결할 수 있을까?)」라는 제목의 글에서 한 말이다.[19]

exact
[igzǽkt]

정확한, 강요하다

Promises exacted by force need not be observed. 강요에 의한 약속은 지킬 필요가 없다.

→ 이탈리아 정치가이자 사상가인 마키아벨리Niccolò Machiavelli, 1469~1527의 말이다.

exaggeration
[igzædʒəréiʃən]

과장, 과장법

Love is a gross exaggeration of the difference between one person and everybody else. 사랑은 한 사람과 다른 나머지 사람들의 차이에 대한 엄청난 과장이다.

→ 영국 작가 조지 버나드 쇼George Bernard Shaw, 1856~1950의 말이다.

exaggerator
[igzædʒərèitər]

과장하는 사람, 과장꾼

Mr. President, turn around and look behind you. No one is following. 대통령님, 돌아서서 뒤를 보십시오. 아무도 따르질 않고 있습니다.

→ 2009년 4월 미국 부통령 조지프 바이든Joseph Biden, 1942~이 부시 대통령 시절 자신이 부시를 사적으로 만났을 때 부시에게 한 말이라고 소개한 것이다. 그러자 부시의 전 보좌관 칼 로브Karl Rove, 1950~는 다음과 같이 쏘아 붙였다.

I hate to say this, but he's a serial exaggerator. If I was being unkind, I would say liar. 정말 말하기 싫지만, 그는 상습적인 과

장꾼이다. 험하게 말한다면, 거짓말쟁이다.

exalt
[igzɔ́:lt]

높이다, ~을 칭찬하다, ~을 고상하게 하다

Whoever exalts himself will be humbled, and whoever humbles himself will be exalted. 누구든 자기를 높이는 자는 낮아지고 누구든지 자기를 낮추는 자는 높아지리라.

➔ 신약성서 「마태복음 Matthew」 23장 12절.

example
[igzǽmpl]

예, 본보기, 사례, 모범, 선례

Example is leadership. 솔선수범率先垂範이 리더십이다.

➔ 독일계의 프랑스 의사이자 사상가인 알베르트 슈바이처 Albert Schweitzer, 1875~1965의 말이다.[20]

exclusive
[iksklú:siv]

배타적인, 독점적인, 한정된

Exclusive love is a contradiction in itself. 배타적 사랑은 그 자체로서 모순이다.[21]

➔ 유대인으로 독일계 미국인 학자인 에리히 프롬 Erich Fromm, 1900~1980의 말이다.

exclusion
[iksklú:ʒən]

배제, 제외, 배타, 소외

The public will fix its interest and its passion on one point, to the exclusion of all the rest. 사람들은 관심과 열정을 어떤 것에 고정시키면, 나머지 모든 것은 생각하지 않는다.[22]

➔ 프랑스의 신학자이자 철학자인 자크 엘륄 Jacques

Ellul, 1912~1994의 말이다.

to the exclusion of는 "~을 제외하고, ~을 제외할 만큼"이란 뜻이다.

exercise
[éksərsàiz]

운동, 훈련, 행사, 행동, 발휘하다

Reading is to the mind what exercise is to the body. 몸에 운동이 필요한 것처럼 정신엔 독서가 필요하다.

→ 영국 작가 조지프 애디슨Joseph Addison, 1672~1719의 말이다.

expectation
[èkspektéiʃən]

기대, 기대치, 예상, 전망, 목표

High expectations are the key to everything. 야망은 모든 것의 열쇠다.

→ 세계 최대 유통업체 월마트의 창업자인 샘 월튼 Sam M. Walton, 1918~1992의 말이다.

expediency
[ikspíːdiənsi]

편의, 편의주의

Modern man has developed a kind of Gallup-poll mentality, relying on quantity instead of quality and yielding to expediency instead of building a new faith. 현대인은 질質보다는 양量에 의존하고, 새로운 믿음을 만드는 대신 편의주의에 굴복하는 일종의 '갤럽 여론조사 멘털리티'를 개발해냈다.

→ 독일 건축가 발터 그로피우스Walter Gropius, 1883~1969 의 말이다.

expedient
[ikspíːdiənt]

적당한, 정략적인, 방편

Expedients are for the hour; principles for the ages. 편법은 순간이고 원칙은 영원하다.

→ 미국의 목사이자 노예 폐지 운동가였던 헨리 워드 비처Henry Ward Beecher, 1813~1887의 말이다.

expert
[ékspəːrt]

전문가, 숙련된, 달인

An expert is one who knows more and more about less and less. 전문가란 더욱 작은 것에 관해서 더욱 많이 아는 사람이다.

→ 미국 컬럼비아 대학 총장을 지낸 철학자 니컬러스 머리 버틀러Nicholas Murray Butler, 1862~1947의 말이다.

explain
[ikspléin]

설명하다, 해명하다, 변명하다

Never explain-Your friends do not need it and your enemies will not believe you anyway. 변명하지 말라. 친구들은 그게 필요하지 않을 것이고 적들은 어차피 믿지 않을 테니까.

→ 미국 작가 엘버트 허바드Elbert Hubbard, 1856~1915의 말이다.

Don't Explain. 해명하지 마세요.

→ 미국 재즈 여가수 빌리 홀리데이Billie Holiday, 1915~1959의 1946년 히트곡 제목이다. 어느 날 밤 남편이 와이셔츠 칼라에 립스틱을 묻혀온 것에 충격을 받아 홀리데이가 쓴 노랫말이라고 한다.

exploitation
[èksplɔitéiʃən]

개척, 개발, 착취

Leadership is usually little more than the

systematic exploitation of the weaknesses of others. 리더십은 종종 다른 사람들의 약점을 조직적으로 착취하는 기술에 지나지 않는다.

→ 미국 저널리스트 데이브 멀케이Dave Mulcahey의 말이다. 리더십이 그런 식으로 빠져선 안 된다는 경고의 의미로 이해하면 되겠다.[23]

expurgate
[ékspə:rgèit]

(책의 불온한 대목을) 삭제하다, 수정하다, 정화하다

The dirtiest book of all is the expurgated book. 모든 책 가운데 가장 더러운 책은 검열로 수정된 책이다.

→ 미국 시인 월트 휘트먼Walt Whitman, 1819~1892의 말이다.

extreme
[ikstrí:m]

극단적인, 극심한, 극도의, 지나친, 과격한

Extremes to the right and to the left of any political dispute are always wrong. 극우나 극좌의 논쟁은 언제나 옳지 않다.[24]

→ 미국 제34대 대통령 드와이트 아이젠하워Dwight D. Eisenhower, 1890~1969의 말이다.

exuberant
[igzú:bərənt]

넘쳐흐르는, 원기 왕성한, 무성한

To get candor, you reward it, praise it, and talk about it. Most of all, you yourself demonstrate it in an exuberant and even exaggerated way. 솔직함을 얻으려면 그걸 보상하고 칭찬하고 솔직함에 대해 이야길 해야 한다. 무엇보다도 당신 자신이 몸소 솔직함을 보여

야 한다. 그것도 열정적으로 심지어는 과장된 방
식으로 말이다.

➜ 20년간(1981~2001년) GE 회장을 지낸 잭 웰치Jack
Welch, 1935~의 말이다.[25]

F

fabulous
[fǽbjuləs]

기막히게 좋은, 멋진, 재미있는, 터무니없는

Once upon a time my political opponents honored me as possessing the fabulous intellectual and economic power by which I could create a worldwide Depression all by myself. 옛날 내 정적政敵들은 내가 혼자서 전 세계적인 대공황을 일으킬 수 있는 환상적 지성과 경제적 힘을 지녔다고 칭송했습니다.[1]

→ 미국 제31대 대통령 허버트 후버Herbert Hoover, 1874~1964의 말이다. 집권 시기에 대공황을 겪은 후버가 퇴임 후에 한 말이다.

a fabulous performance는 "기막히게 멋진 공연", a fabulous party는 "멋진 파티"란 뜻이다. fabulous라는 단어가 많이 쓰이다 보니, 아예 줄여서 fabu로 쓰기도 한다. The Thai restaurant on West 27th is seriously fabu. I love everything on their menu(웨스트 27가에 있는 그 태국 음식점은 정말 훌륭해. 나는 그곳 메뉴에 있는 음식을 모두 좋아해).[2] 그런데 fabulous는 fable(우화)에서 나온 말이기 때문에, a fabulous hero라고 하면 "멋진 영웅"이 아니라 "전설상의 영웅"이란 뜻이다. fabulous journalism도 '멋진 저널리즘'이 아니라 '우화 저널리즘'이다. 사실에 기반하지 않은, 우화적 성격이 강한 저널리즘이란 뜻이다.

faculty
[fǽkəlti]

교수진, 교직원, 학부, 능력

Faith is a higher faculty than reason. 믿음은 이성보다 한 수 위의 능력이다.

→ 영국 시인 필립 제임스 베일리Philip James Bailey, 1816~1902의 말이다.

faithful
[féiθfəl]

충실한, 독실한, 신의 있는, 헌신적인

Only the person who has faith in himself is able to be faithful to others. 자신을 신뢰하는 사람만이 다른 사람들에게 성실할 수 있다.

→ 유대인으로 독일계 미국인 학자인 에리히 프롬 Erich Fromm, 1900~1980의 말이다.[3]

fame
[feim]

명성, 명예, 유명, 인기

The fame of great men ought to be judged always by the means they used to acquire it. 위대한 인물들의 명성은 늘 그들이 그걸 얻기 위해 사용한 수단에 의해 평가되어야 한다.

→ 17세기 프랑스 작가로 풍자와 역설의 잠언으로 유

명한 라로슈푸코François de La Rochefoucauld, 1613~1680 의 말이다.

familiarity
[fəmìliǽrəti]

친밀함, 잘 알고 있음

Familiarity breeds contempt. 너무 친해지 면 얕본다.

Though familiarity may not breed contempt, it takes off the edge of admiration. 친밀이 경멸을 낳진 않을지라도 숭배는 멀어지게 만든다.

➡ 영국 작가 윌리엄 해즐릿William Hazlitt, 1778~1830의 말이다.

Familiarity is a magician that is cruel to beauty but kind to ugliness. 친밀은 아름다 움엔 잔인하지만 추함엔 친절한 마술사다.

➡ 영국 소설가 마리아 루이즈 라메Maria Louise Ramé, 1839~1908의 말이다.

Without a certain amount of familiarity, you will never breed anything. 어느 정도의 친밀이 없으면 그 어떤 것도 키울 수 없다.

➡ 영국 정치가 윈스턴 처칠Winston Churchill, 1874~1965의 말이다.[4]

famous
[féiməs]

유명한, 잘 알려진

I awoke one morning and found myself famous. 나는 하루아침에 유명해졌다.

➡ 영국 시인 바이런George Gordon Byron, 1788~1824의 명 성은 영국뿐 아니라 프랑스에서 러시아까지 전 유

럽에 울려 퍼졌는데, 바이런 자신이 이를 두고 한 말이다.

In the future, everyone will be world-famous for fifteen minutes. 미래엔 모든 사람들이 15분간은 세계적으로 유명해질 수 있을 것이다.

→ 미국의 팝 아티스트 앤디 워홀Andy Warhol, 1928~1987이 1968년 스웨덴 스톡홀름에서 열린 자신의 전시회 카탈로그에 쓴 말이다. 여기서 "famous for fifteen minutes"라는 말이 유명해져, 다음과 같은 용법으로 쓰이게 되었다. They've had their fifteen minutes(잠시 떴을 뿐이야. 이제 곧 잊힐 걸).[5]

fanaticism
[fənǽtisìzm]

광신, 열광, 광신적 행위

Fanaticism consists in redoubling your efforts when you have forgotten your aim. 광신은 목적은 잊은 채 노력만 배가할 때 나타난다.

→ 스페인 출신의 철학자 조지 산타야나George Santayana, 1863~1952의 말이다.

fat
[fæt]

지방, 뚱뚱한, 살찐, 비만한, 기름

(All) the fat is in the fire. 이젠 어찌할 수 없다, 큰일 나겠다, 엉뚱한 실수를 저질렀다. 불속에 기름 덩어리가 던져졌으니 이제 불길이 무섭게 타오르지 않겠는가.

→ 1562년 영국 작가 존 헤이우드John Heywood, 1497~1580가 처음 사용한 말이다.[6]

131

fat burner는 다이어트 약. 신체의 신진대사 metabolism 활성화율을 높여 칼로리를 불태운다고 주장하는 매약over-the-counter drug을 총칭하는 말이다.[7]

fate
[feit]

운명, 숙명

Life is a compromise between fate and free will. 인생은 숙명과 자유의지 사이의 타협이다.

➔ 미국 작가 엘버트 허바드Elbert Hubbard, 1856~1915의 말이다.

fault
[fɔ:lt]

잘못, 결점, 실수, 흠

Don't find fault. Find a remedy. 흠만 찾지 말고 해결책을 찾아라.

➔ 미국의 자동차 왕 헨리 포드Henry Ford, 1864~1947의 말이다.

feast
[fi:st]

축제, 진수성찬, 즐기다, 먹다

Enough is as good as a feast. 배부름은 진수성찬이나 다름없다. 부족하지 않으면 충분한 것으로 알아라.

a feast for the eyes는 "눈을 즐겁게 해주는 것, 눈요기", a feast of reason은 "유익한 얘기, 명론탁설名論卓說", give(make) a feast는 "잔치를 베풀다", feast oneself on은 "~을 크게 즐기다"는 뜻이다.

feed
[fi:d]

먹이다, 먹이

Well fed, well bred. 의식이 족해야 예절을 안다.

fed는 feed의 과거 · 과거분사, bred는 breed(기르
다, 양육하다)의 과거 · 과거분사다.

felicity
[filísəti]

대단한 행복, 적절한 표현, 멋들어짐

Human felicity is produced not so much
by great pieces of good fortune that
seldom happen, as by little advantages
that occur every day. 인간의 행복은 거의 일
어나지 않는 행운의 큰 덩어리보다는 매일 일어
나는 작은 혜택들에 의해 이루어진다.

➔ 미국 정치가이자 발명가인 벤저민 프랭클린
Benjamin Franklin, 1706~1790의 말이다.

fiasco
[fiǽskou]

대실패, 완패, 큰 실수, 포도주병

The party was a fiasco. 그 파티는 큰 실패였
다.
예쁜 유리병을 만드는 것으로 유명했던 이탈리아
베니스의 유리병 제조 과정에서 비롯된 말이다. 유
리 자체에 작은 흠이 있거나 조금이라도 실수하면
병이 아니라 플라스크flask 형태로 만들어지곤 했
는데, 플라스크의 이탈리아어가 바로 fiasco다.[8]

figure
[fígjər]

수치, 인물, 생각하다

My life has no purpose, no direction, no
aim, no meaning, and yet I'm happy. I
can't figure it out. What am I doing right?
내 인생은 목적도, 방향도, 목표도, 의미도 없지
만 난 행복하다. 이게 어떻게 가능한지 나도 모

르겠다. 내가 이래도 되는 건가?

→ 미국 만화가 찰스 슐츠Charles Schulz, 1922~2000의 말
이다.
figure out은 "(비용 등을) 계산하다, (상황 따위를) 어
림하다, (문제를) 풀다, 이해하다"는 뜻이다.

fist
[fist]

주먹, 움켜쥐다, 철권

The right to swing my fist ends where the
other man's nose begins. 주먹을 휘두를 권
리는 다른 사람의 코앞에서 끝난다.

→ 미국 연방 대법관 올리버 웬들 홈스Oliver Wendell
Holmes의 말이다.[9]

flabbergast
[flǽbərgæ̀st]

소스라쳐 놀라게 하다, 당황하게 하다

I was flabbergasted at the decision to
close the factory. 나는 공장을 폐쇄한다는 결
정에 깜짝 놀랐다.
flabbergast가 1772년에 신조어로 소개된 걸
로 보아 1700년대 초에 만들어진 단어로 보이는
데, 그 유래에 대해선 정확히 알려진 바 없다. 다
만 flabby(근육 따위가 축 늘어진, 무기력한, 맥없는)와
aghast(소스라치게 놀라서)의 합성어인 것으로 추정
된다. 축 늘어질 정도로 놀랐다는 뜻으로 이해하면
되겠다.[10]

flash
[flæʃ]

플래시, 번쩍이다, 불빛, 섬광, 떠오르다

The player's first-rate performances early
in the season turned out to be something

of a flash in the pan, as they've not been
so good since. 시즌 초에 보여준 그 선수의 일
급 실력은 시즌 내내 지속되지 못해 용두사미가
되고 말았다.

a flash in the pan은 "일시적인 성공, 용두사미龍
頭蛇尾(의 노력, 로 끝나는 사람)"를 뜻한다. 발화發火 장
치를 가진 총flintlock musket을 쓰던 시절에 만들어
진 말이다. pan은 이런 구식총의 약실을 말하는데,
방아쇠를 당겼더니 약실에서만 발화가 되고 정작
총알 발사엔 실패한 경우를 가리켜 a flash in the
pan이라고 한다.[11]

flatter
[flǽtər]

아첨하다, 알랑거리다

Advertising and political propaganda
flatter the individual by making him
appear important, and by pretending that
they appeal to his critical judgment, to his
sense of discrimination. 광고와 정치선전은
개인이 중요하게 보이는 것처럼 만들고 개인의
비판적 판단 능력과 분별력에 호소하는 척함으
로써 개인에게 아첨한다.

➡ 유대인으로 독일계 미국인 학자인 에리히 프롬Erich
Fromm, 1900~1980의 말이다.[12]

fleeting
[flíːtiŋ]

어느덧 지나가는, 순식간의, 덧없는

Life is fleeting. 인생은 덧없다.

forewarn
[fɔ:rwɔ:rn]

~에게 미리 알리다, 경고하다

Forewarned is forearmed. 경계警戒는 경비警備다.

→ 라틴어 속담 Praemonitus, praemunitus에서 유래된 말로, 16세기 초에 영어로 편입되었다. 윌리엄 셰익스피어William Shakespeare, 1564~1616가 『헨리 6세Henry VI』에서 사용한 말이다.[13]
forearm은 "미리 무장하다, 대비하다"는 뜻이다.

formidable
[fɔ:rmidəbl]

무서운, 만만찮은, 용기를 꺾는

Examinations are formidable even to the best prepared, for the greatest fool may ask more than the wisest man can answer. 시험이란 예습을 가장 잘한 사람들에게도 지긋지긋한 일이다. 왜냐하면 아무리 바보라도 가장 똑똑한 사람이 대답할 수 없는 문제를 물을 수 있을테니까.

→ 영국 작가 찰스 칼렙 콜튼Charles Caleb Colton, 1780~1832의 말이다.[14]

formula
[fɔ:rmjulə]

공식, 방식, 처방

Democracy is a way of life and not a formula to be "preserved" like jelly······ There can be no democracy unless it is a dynamic democracy. 민주주의는 생활방식이지 젤리처럼 가공해서 보존해야 할 공식이 아니다.······역동적 민주주의가 아니라면 민주주의는 존재하지 않는 것과 다를 바 없다.[15]

> ➔ 미국의 급진적 빈민운동가이자 지역사회 조직가 community organizer인 솔 알린스키Saul Alinsky, 1909~1972 의 말이다.

foxhole
[fɑ:kshoʊl]

참호, 은신처

There are no atheists in the foxholes. 참호 속에서 무신론자는 없는 법이다. 총알과 포탄에 맞지 않도록 기도하기 마련이라는 뜻이다.

➔ 미군의 군목軍牧으로 활동한 윌리엄 커밍스William Thomas Cummings, 1903~1945의 말이다.

fraud
[frɔ:d]

사기, 기만

The first and worst of all frauds is to cheat oneself. 모든 사기의 최초이자 최악은 자기 자신을 속이는 것이다.

➔ 미국 저널리스트 개메일리얼 베일리Gamaliel Bailey, 1807~1859의 말이다.

frazzle
[fræzl]

닳아서 해지다, 닳다, 몹시 지치다

I am worn to a frazzle. 나는 지쳐서 녹초가 되었다.

Those six eight-year olds frazzled me. 저 여섯 명의 여덟 살짜리 아이들 때문에 녹초가 되도록 지쳤다.

frazzled는 "완전히 지친, 녹초가 된", a late party that left us frazzled는 "녹초가 되게 한 밤늦은 파티"라는 뜻이다.[16]

furnish

[fə́ːrniʃ]

제공하다, 갖추다

You'll furnish the pictures and I'll furnish the war. 그림만 그려 보내면 전쟁은 내가 만들어내마.

→ 미국 신문인 윌리엄 랜돌프 허스트William Randolph Hearst, 1863~1951의 말이다. 1896년 쿠바에 파견된 허스트 신문의 삽화揷畵 기자 프레더릭 레밍턴Frederic Remington, 1861~1909이 쿠바에 전쟁이라고 할 만한 사건은 없으므로 귀국하겠다고 했을 때에 허스트는 이 같은 내용의 전보를 보냈다. 허스트의 신문은 1898년 미국-스페인 전쟁의 발발에 큰 영향을 미쳤다. 스페인 전쟁이 '허스트의 전쟁Hearst's war'이라는 말이 나오게 된 배경이다.[17]

furrow

[fə́ːrou]

밭고랑(을 내다), (특히 쟁기질로 생긴) 골, (얼굴의) 깊은 주름살.

He kept plowing a lonely furrow regardless of what others think. 남들 생각과는 관계없이 그는 혼자 묵묵히 일했다.

plow a lonely furrow는 "묵묵히 혼자 일하다, 독자적인 길을 가다", draw a straight furrow는 "정직하게 살아가다", have a hard furrow to plow는 "어려운 일에 직면하다"는 뜻이다.[18] (참고 delirium).

futile

[fjúːtl]

쓸데없는, 무익한, 하찮은, 변변찮은

It may be that trying to be happier is as futile as trying to be taller and is therefore counterproductive. 좀더 행복해지겠다고 노

력하는 것은 키가 더 크겠다고 노력하는 것만큼 부질없고 따라서 비생산적이다.[19]

➔ 미국 심리학자 데이비드 리켄David Lykken, 1928~2006 과 아우케 텔리건Auke Tellegen의 말이다.

G

gab
[gæb]

수다(떨다), 잡담(하다)

Uncle Frank really had the gift of gab. 프랭크 아저씨는 정말 말재주가 있다.

the gift of gab은 "말재주, 다변多辯, 수다스러움"이란 뜻이다. 켈트어Celtic로 mouth를 가리키는 gab은 "수다, 잡담, 말 많은", Stop your gab!은 "닥쳐"란 뜻이다. 1600년대 말부터 쓰인 말이다.[1]

gambit
[gæmbit]

(장기·바둑의) 초반의 수, 우세를 확보하려는 수, 선수

If so, it's a risky gambit. 그렇다면, 이는 위험한 행동이다.

Many people tried gambit after him. 많은 사람이 그를 계속 선수로 몰아붙였다.

Bill Gates said that the WebTV acquisition was Microsoft's riskiest gambit to date. 빌 게이츠는 웹TV 인수가 마이크로소

프트에서 지금까지 가장 위험한 전략이었다고 말했다.

The gambit in chess is a strategic move when a player sacrifices a piece to secure a later advantage. 체스에서 gambit은 선수가 나중의 이익을 얻기 위해서 자신의 말을 희생하는 전략적인 수법이다.

gambit은 비유적으로 "(대화 등의 초반에 우세를 확보하기 위한) 수(말/행동)"를 뜻하는 말로 자주 쓰인다. play a gambit은 "첫 수를 놓다", accept a gambit 은 "책략을 받아들이다", try gambit after는 "~을 계속 선수로 몰아붙이다", an opening gambit은 "(대화의) 모두冒頭에 하는 말"이다.[2]

garment
[gάːrmənt]

의류, 옷

Leisure is a beautiful garment, but it will not do for constant wear. 여가는 아름다운 옷이지만, 평상복으론 적합지 않다.

gasp
[gæsp]

숨이 차다, 열망하다, 숨막힘

They gasp after liberty. 그들은 자유를 열망하고 있다.

to the last gasp는 "숨을 거둘 때까지, 지쳐 쓰러질 때까지", gasp at은 "~에 대한 놀람으로 숨을 급히 몰아쉬다", gasp away(out) one's life=gasp one's last는 "숨을 거두다, 죽다", gasp for breath 는 "숨이 차다", at one's last gasp은 "임종 시에, 마지막 순간에", breathe with gasps는 "헉헉하고

숨을 헐떡이다"는 뜻이다.[3]

generosity
[dʒènərɑ́səti]

관대함

What seems to be generosity is often no more than disguised ambition, which overlooks a small interest in order to secure a great one. 관대함으로 보이는 것은 흔히 위장된 야망에 지나지 않는다. 큰 이익을 얻기 위해 작은 이익을 눈감아주는 야망 말이다.

➔ 17세기 프랑스 작가로 풍자와 역설의 잠언으로 유명한 라로슈푸코François de La Rochefoucauld, 1613~1680 의 말이다.

genuine
[dʒénjuin]

진실한, 진짜의, 순수한, 성실한

A genuine leader is not a searcher for consensus but a molder of consensus. 진정한 지도자는 화합을 추구하는 사람이 아니라 화합을 만들어내는 사람이다.

➔ 미국의 흑인 민권운동가 마틴 루서 킹Martin Luther King Jr., 1929~1968의 말이다.

germ
[dʒəːrm]

세균, 병균

Success contains within it the germs of failure, and the reverse is also true. 성공은 그 안에 실패의 씨앗을 담고 있으며, 실패 역시 그 안에 성공의 씨앗을 담고 있다.

➔ 프랑스 정치가 샤를 드골Charles de Gaulle, 1890~1970 의 말이다.

glamour
[glǽmər]

매력, 매혹하다

Glamour is what I sell, it's my stock in trade. 내가 파는 것은 매력입니다. 내 장사 밑 천이죠.

➔ 1930년대에 맹활약한 미국 할리우드 여배우 마를 레네 디트리히Marlene Dietrich, 1901~1992의 말이다.[4] 17세기까지만 해도 영국에서 라틴어를 할 수 있는 사람은 매우 드물었으므로 라틴어 구사 능력은 많은 사람들에게 경외의 대상이었다. 심지어 라 틴어 문법 실력을 통해 마법도 행할 수 있다는 설 까지 퍼져 나갔는데, 그런 능력을 가리켜 gramary 라고 했다. 이 단어가 여러 단계의 변화 과정을 거 치면서 오늘날의 grammar(문법)도 되는 동시에 glamour가 되었다. full of glamour는 "매력에 찬", the magic glamour of the moon은 "달의 요염한 아름다움", cast a glamour over는 "~을 매혹하다, ~에게 마법을 걸다"는 뜻이다.[5]

glory
[glɔ́:ri]

영광, 기뻐하다

Glory is the shadow of virtue. 영광은 덕의 그림자다.

glut
[glʌt]

공급 과잉, 과도한 양, ~에게 실컷 먹이다

Glutting a person with more information than he can process may lead to disturbance. 어떤 사람에게 그가 처리할 수 있 는 이상의 정보를 과잉 공급하는 건 장애를 야 기할 수 있다.

→ 1960년대에 미국 미시간대학의 정신과 교수 제임스 밀러James G. Miller가 정보 과부하는 여러 유형의 정신병과 관계가 있을 수 있다고 시사하면서 한 말이다.[6]

glutton
[glʌtn]

대식가, 폭식가, 지칠 줄 모르는 정력가, 끈질긴 사람

Glutton is one who digs his grave with his teeth. 먹보는 치아로 자신의 무덤을 파는 사람이다.

a glutton for work는 "지독히 일하는 사람", a glutton of books는 "맹렬한 독서가", a glutton for punishment는 "맷집 좋은 권투선수, 남이 좋아하지 않는 일을 하는 사람, 마조히스트masochist"란 뜻이다.[7]

gnat
[næt]

각다귀, 모기

You blind guides! You strain out a gnat but swallow a camel. 소경 된 인도자여 하루살이는 걸러내고 약대는 삼키는도다.

→ 신약성서 「마태복음Matthew」 23장 24절에 나오는 말이다. 예수가 위선적인 서기관들과 바리새인들을 꾸짖으면서 한 말이다.

gnat는 모기와 비슷한 각다귀를 뜻하지만, 영국에선 모기mosquito의 뜻으로도 쓰인다. strain at a gnat, and swallow a camel은 "큰일을 소홀히 하고 작은 일에 집착하다"는 뜻의 숙어로 쓰인다.[8]

gnaw
[nɔ:]

(쥐 등이) 쏠다, 갉다, ～을 괴롭히다, 번민케 하다

By gnawing through a dyke, even a rat may drown a nation. 한 마리의 쥐라도 제방을 쏠아 구멍을 내면 온 나라를 물에 잠기게 할 수 있다.

➔ 영국의 보수 사상가이자 정치가인 에드먼드 버크 Edmund Burke, 1729~1797의 말이다.

Worry gnawed her mind. 걱정 때문에 괴로워했다.

gobble
[gɑ:bl]

게걸스럽게 먹다, (칠면조가 목에서) 꼬르륵꼬르륵 하는 소리를 내다

Children today are tyrants. They contradict their parents, gobble their food, and tyrannize their teachers. 요즘 애들은 폭군이다. 부모에게 대들고 밥이나 축내며 스승을 학대한다.

➔ 그리스 철학자 소크라테스Socrates, B.C. 469~B.C. 399의 말이다.[9]

gourmet
[gúərmei]

미식가

A gourmet is just a glutton with brains. 미식가는 뇌를 가진 먹보다.

grab
[græb]

잡아챔, 먹다, 승리하다, 거머쥐다, 움켜잡다, 움켜쥐기

How does that grab you? 그것에 대한 인상은 어때? 마음에 들었어?

grab은 "횡령(하다), 약탈(하다), 마음을 사로잡다"는 비유적 의미로도 자주 쓰인다. a policy of grab은 "약탈 정책", grab an audience는 "관중을 매료하다", get(have) the grab on은 "~보다 유리한 지위를 차지하다", make a grab at은 "~을 가로채다", up for grabs는 "(경매품, 상, 지위 따위를) 쉽게 손에 넣을 수 있는", grabber는 "강탈자, 흥미를 끄는 것"이란 뜻이다. We need a grabber to lead off our first issue(창간호를 장식할 흥밋거리 기사가 필요하다).[10]

grace
[greis]

유예, 우아함, 은총, 은혜

Success, as in the Calvinist scheme, is taken as the outward sign of an inward state of grace. 칼뱅주의 교리에서 성공은 은총의 내적 상태가 밖으로 표현된 것으로 간주된다.

➔ 미국 역사가 리처드 호프스태터Richard Hofstadter, 1916~1970의 말이다.

You who are trying to be justified by law have been alienated from Christ; you have fallen away from grace. 율법 안에서 의롭다 함을 얻으려 하는 너희는 그리스도에게서 끊어지고 은혜에서 떨어진 자로다.

➔ 신약성서 「갈라디아서Galatians」 5장 4절에 나오는 말이다.

There, but for the grace of God, go I. 하나님의 은혜가 없었더라면 나도 그렇게 되어 있을지 모른다.

➔ 영국의 종교개혁가 존 브래드퍼드John Bradford,

1510~1555가 신교를 믿는 이단이라는 이유로 런던 탑에 갇혀 있던 1553년 사형을 당하기 위해 끌려 나가는 죄수들을 보면서 한 말로 알려져 있다. 그도 2년 후 형장의 이슬로 사라졌다.

fall from grace는 "타락하다, 유력자의 호감(후원)을 잃다", a fall from grace는 "실추失墜", fall out of grace with a person은 "아무의 호의를 잃다", in a person's good grace는 "아무의 총애를 받아서, ~의 마음에 들어서", in a person's bad grace는 "아무의 미움을 받아서, ~의 마음에 안 들어서", the grace of modesty는 "겸손이라는 장점", by the grace of God는 "하나님의 가호로"란 뜻이다.[11]

gracefully
[gréisfəli]

우아하게, 기품 있게

The best part of the art of living is to know how to grow old gracefully. 인생을 슬기롭게 사는 방법 중 가장 중요한 것은 우아하게 늙어가는 법을 아는 것이다.

➜ 미국 사회운동가이자 작가인 에릭 호퍼Eric Hoffer, 1902~1983의 말이다.

gracious
[gréiʃəs]

친절한, 우아한, 관대한, 점잖은

Show me a good and gracious loser, and I'll show a failure. 내게 좋고 우아한 패자를 보여주라. 그러면 내가 실패를 보여주겠다.

➜ 미국의 전설적인 풋볼 선수이자 코치인 크누트 로크네Knute Rockne, 1888~1931의 말이다.

gratifying
[grǽtəfàiiŋ]

만족을 주는, 유쾌한, 기분 좋은

Nothing is more gratifying to the mind of man than power of domination. 지배 권력만큼 인간 심성을 만족시켜주는 것은 없다.

→ 영국 작가 조지프 애디슨Joseph Addison, 1672~1719의 말이다.

gravity
[grǽvəti]

진지함, 근엄함, 엄숙, 중대함, 중력

There is gravity in wisdom, but no particular wisdom in gravity. 지혜에는 근엄함이 있지만, 근엄함에는 지혜가 없다.

→ 조시 빌링스Josh Billings라는 필명으로 활동한 미국의 유머리스트humorist 헨리 휠러 쇼Henry Wheeler Shaw, 1818~1885의 말이다.

greed
[griːd]

탐욕, 욕심

Greed is good. 탐욕은 선하다.

→ 1987년 개봉한 할리우드 영화 〈월스트리트〉에서 주인공인 기업 사냥꾼 고든 게코Gordon Gekko가 한 말이다. 실존 인물인 월스트리트의 유명한 기업 사냥꾼 이반 보에스키Ivan F. Boesky는 1986년 버클리 대학교 경영대학원 졸업식 축사에서 "탐욕을 가져도 좋습니다.……탐욕은 건전한 것입니다. 스스로 탐욕스럽다고 인정하면서도 자기 자신에 대해 편안함을 느낄 수 있습니다"라고 말했다.[12]

grief
[griːf]

슬픔, 재난

Grief ages us. 슬픔은 사람을 늙게 만든다.

Patience is a remedy for every grief. 인내
는 모든 슬픔의 치료제다.

come to grief는 "재난(불행)을 당하다, 다치다, (계
획이) 실패하다", bring to grief는 "불행(실패)하게
만들다, 다치게 만들다, 파멸시키다"는 뜻이다.

gripe
[graip]

**~을 괴롭히다, 불평을 하다, 제어, 속박, 불평, 불
만, 꽉 쥐다, 투덜대다**

I have a gripe against you. 당신에게 불만이
있다.

gripe는 원래 돛배에서 돛이 뒤틀려 균형을 잃
고 제대로 항해를 할 수 없는 상태를 가리키는 항
해 용어에서 나온 말이다. come to gripes는 "맞
붙다, 분투노력하다", in the gripe of는 "~에 잡혀
서, ~에 속박되어", the gripes는 "복통·colic", gripe
session은 "불평대회, 푸념 토로회"라는 뜻이다.[13]

groovy
[grúːvi]

**상투적인, 끝내주는, 연주가 훌륭한, 판에 박은, 구
식의, 오래된**

He is hidebound, 'groovy'; he cannot break
away from tradition. 그는 완고하게 판에 박
힌 사람이라서 전통에서 벗어나질 못한다.

groovy는 groove에서 나온 말이다. groove는 레
코드판에 새겨진 홈을 말하는데, 축음기 바늘·stylus
과 잘 맞아야 좋은 소리가 난다. 1930년대에 재즈
밴드가 상호 조화가 잘돼 신나는 연주를 하는 상
태를 묘사하기 위해 처음 사용된 말이다. 이후 다
른 영역에서 폭넓게 사용되었다. 패션업체는 "이번

겨울에 유행을 타려면If you want to be in the groove this winter"라는 식으로 광고를 한다.[14] 유행을 탄다는 건 대세를 따른다는 것인데, 그게 늘 좋은 것만은 아니다. in the groove는 "쾌조快調로, 제대로 된, 유행에 맞는"이란 뜻이지만, fall(get) into a groove 도 "판에 박히다, 버릇이 된다"는 뜻이다.[15]

grouchy
[gráutʃi]

시무룩한, 성마른, 불평이 많은, 잘 투덜거리는
Why are you so grouchy today? 너 오늘 왜 이렇게 투덜거리니?

grumble
[grʌmbl]

불만, 불평하다
I believe in grumbling; it is the politest form of fighting known. 나는 불평의 가치를 인정한다. 불평은 여태까지 알려진 것 중 가장 정중한 형태의 싸움이기 때문이다.

→ 미국 작가 에드 하우-Ed Howe, 1853~1937의 말이다.

gullible
[gʌləbl]

아둔한, 속기 쉬운, 무엇이든 바로 곧이듣는
Fame is proof that people are gullible. 명성은 사람들이 어리숙하다는 증거다.

→ 미국 철학자 랠프 월도 에머슨Ralph Waldo Emerson, 1803~1882의 말이다.

gymnasium
[dʒimnéiziəm]

체육관, 실내 체육장, 체육(체조) 학교, 독일 등 유럽의 고등학교
Chess is the gymnasium of the mind. 체스는 정신의 체육관이다.

→ 러시아 혁명가 블라디미르 레닌Vladimir Illich Lenin, 1870~1924의 말이다.[16]

gymnasium은 "naked"를 뜻하는 그리스어 gymnos에서 유래된 말이다. 초기 그리스 운동선수들은 나체로 운동을 했기에 운동하는 장소를 gymnasion이라 불렀다. 16세기경 영국 학자들이 이 말을 재발견해 사용함으로써 오늘날과 같은 뜻을 갖게 되었다.[17]

habituation
[həbìtʃuéiʃən]

습관화, 익숙해짐, 상용벽

Love is the word used to label the sexual excitement of the young, the habituation of the middle-aged, and the mutual dependence of the old. 사랑은 젊은이의 성적 흥분, 중년의 일상적 습관, 노년의 상호의존에 딱지를 붙이기 위해 사용된 단어다.

➔ 미국 작가 존 치아디John Ciardi, 1916~1986의 말이다.

hard-boiled
[haːrdbɔild]

정한, 냉정한, 현실적인, 고집 센, 억센, 비정한

Most hard-boiled people are half-baked. 비정한 사람들은 대부분 미숙하다.

➔ 미국 작가이자 이야기꾼raconteur인 월슨 미즈너 Wilson Mizner, 1876~1933의 말이다.

hard-boiled의 원래 뜻은 "(달걀 따위를) 단단하게 삶은, (옷을) 빳빳하게 풀 먹인"인데, 비유적 의미는

풀 먹인 옷과 관련이 있다. 개척시대의 미국인들은 일요일에 교회에 가거나 공식적인 행사가 있을 때엔 끓는 물에 삶아 때를 뺀 뒤 빳빳하게 풀을 먹인 셔츠를 입곤 했다. 어찌나 빳빳한 지 "단단해질 때까지 셔츠를 삶은 게 아니냐"는 농담이 꽤 오고갔을 법하다. 이런 종류의 농담이 바로 비유적 의미의 기원이다.[1] 하드보일드는 미국 문학 장르의 이름이기도 하다. 범죄 소설, 특히 탐정물로 폭력과 섹스를 냉혹하게 묘사하며, 등장인물들의 특성도 그러하다.[2]

hare
[hɛər]

산토끼, 질주하다

If you run after two hares, you will catch neither. 두 마리 토끼를 쫓다간 하나도 못 잡는다.

harp
[haːrp]

하프(를 연주하다), 같은 말을 되풀이하다

She was always harping on how wonderful her daughter was. 그녀는 딸이 얼마나 훌륭했던가를 언제나 되풀이 말했다.

harp on the same string은 "같은 말을 귀찮을 정도로 되뇌다"는 뜻이다. harp on one string이라고도 하며, 이 숙어가 익숙해진 탓인지 harp on만으로도 같은 뜻을 갖는다. 하프는 현이 많은 악기인데, 하나의 현만을 반복해 연주한다면 듣기에도 귀찮을 법하다.[3] harp on에 대해선 이런 이야기가 전해진다. 영국에서 빅토리아 시대에 집에 손님을 초청하면 딸의 하프 연주 실력을 자랑하고 싶어 연

주하도록 했는데, 손님들에겐 그게 고역이었다고
한다. 어린 소녀가 그 어려운 악기를 연주하는 솜
씨가 어떠했을지는 미루어 짐작할 수 있겠다.[4]

harried
[hǽrid]

몹시 곤란을 겪는, 어찌할 바를 모르는

Followership wouldn't be such a bad
thing if Americans were capable of
making leadership-quality decisions.
But, generally speaking, we citizens are
simply too busy with our own complex,
harried lives to also excel at making
key policy decisions. Therefore, we
have an unfortunate coinciding of two
consequences of technology: more citizen
power with less citizen understanding. 만
약 미국인들이 지도력의 자질을 판단할 수 있는
능력을 가졌다면, 추종심은 그렇게 나쁜 일은 아
닐 것이다. 그러나 그들은 대체로 자신들의 복잡
하고 혼란스러운 삶으로 너무나도 바쁘며 그들
의 지식은 너무 전문화되고 파편화되어 있어, 폭
넓은 쟁점들에 관한 지적인 결정을 내리기에는
부적절하다. 그러므로 우리는 기술의 두 가지 불
행한 결과, 즉 더 적은 이해를 하면서 더 많은 권
력을 가진 시민들을 접하고 있다.[5]

➔ 미국 비평가 데이비드 셍크David Shenk가 『데이터
스모그 Data Smog』(1997)에서 한 말이다.

harsh

[haːrʃ]

가혹한, 냉혹한, 혹독한, 잔인한

Adversity is our friend. It's a harsh teacher sometimes and I hate it. 역경은 내 친구다. 어떤 때는 그게 너무 잔인한 선생님이기도 해서 나는 그를 싫어한다.

➔ 어렸을 때 고생을 많이 한 미국 제42대 대통령 빌 클린턴Bill Clinton, 1946~의 말이다.[6]

haste

[heist]

서두르다, 성급, 성급함

Haste makes waste. 서두르면 일을 망친다. 급히 먹는 밥에 목이 멘다.

More haste, less(worse) speed. 급할수록 천천히. 급할수록 돌아가라.

Though I am always in haste, I am never in a hurry. 나는 늘 성급하지만 서두르진 않는다.

➔ 감리교Methodism의 창시자인 존 웨슬리John Wesley, 1703~1791의 말이다.

hurry는 haste와 거의 같은 뜻이지만 한층 더 혼란스럽고 허둥대는 상태를 말한다.

hasten

[héisn]

서두르다, 재촉하다

Hasten slowly. 천천히 서둘러라.

➔ 로마제국 제2대 황제(재위 A.D. 14~37)인 아우구스투스Augustus Caesar, B.C. 42~A.D. 37의 말이다.

hate

[heit]

싫어하다, 미워하다, 증오하다

Love your enemies, do good to those who

hate you. 너희 원수를 사랑하며 너희를 미워하
는 자를 선대善待하라.
➡ 신약성서 「누가복음Luke」 6장 27절에 나오는 말이다.

hatred
[héitrid]

증오, 혐오, 싫어함, 미움
Familiarity is the root of the closest
friendships, as well as the intensest
hatreds. 친밀은 진한 우정뿐만 아니라 격렬한
증오의 뿌리다.
➡ 프랑스 작가 앙트와느 리바롤Antoine Rivarol, 1753~
1801의 말이다.

haughty
[hɔ́ːti]

오만한, 거만한, 도도한
Pride goes before destruction, a haughty
spirit before a fall. 교만은 패망의 선봉이요
거만한 마음은 넘어짐의 앞잡이니라.
➡ 구약성서 「잠언Proverbs」 16장 18절에 나오는 말이다.

haze
[heiz]

아지랑이, 흐릿하다, 못살게 굴다
Romance is the glamour which turns the
dust of everyday life into a golden haze. 로
맨스는 일상의 먼지를 금빛 아지랑이로 바꾸는
마법이다.
➡ 미국 작가 아만다 크로스Amanda Cross, 1926~2003의
말이다.[7]

heave
[hiːv]

무거운 것을 들어 올리다, 몸을 일으키다
He heaved himself out of the armchair. 그

는 팔걸이의자에서 무거운 듯 몸을 일으켰다.
heave in sight는 "시야에 들어오다. (배가 수평선 위로) 보이기 시작하다"는 뜻인데, 배가 수평선 위로 나타나는 모습이 마치 눈에 보이지 않는 밧줄에 의해 끌어올려지는 것처럼 보인 데서 유래된 말이다.[8]

hideous
[hídiəs]

끔찍한, 가증스러운

To be a useful man has always appeared to me as something quite hideous. 유용한 인간이 된다는 것은 내겐 매우 끔찍한 일로 여겨진다.

➔ 프랑스 시인 샤를 피에르 보들레르Charles Pierre Baudelaire, 1821~1867의 말이다. 이는 당시 새로 대두된 부르주아적 가치(효용, 합리주의, 물질 지상주의 등)에 대한 분노를 표현한 말이다.[9]

hiss
[his]

(뱀, 증기, 거위 따위가) 쉿 소리를 내다, (경멸, 비난의 뜻으로) 시 소리를 내다

The art of taxation consists in so plucking the goose as to get the most feathers with the least hissing. 거위의 비명을 최소화하면서 거위의 깃털을 최대한 뽑는 것이 징세의 예술이다.

➔ 프랑스 루이 14세 당시 재무 장관이던 장 바티스트 콜베르Jean-Baptiste Colbert, 1619~1683의 말이다.
2013년 8월 9일 청와대 조원동 경제수석은 전날의 세제 개편안 발표와 관련, "분명히 증세가 아니다"고 증세 논란을 반박하면서 콜베르의 말을 원용

하며 "마치 거위에게서 고통 없이 털을 뽑는 방식
으로 해보려고 한 게 이번 세법 개정안의 정신"이
라고 말해 논란을 빚었다.

hobgoblin
[hάbgὰblin]

요귀妖鬼, 장난꾸러기 꼬마 도깨비, 개구쟁이

A foolish consistency is the hobgoblin of
little minds. 어리석은 일관성은 편협한 마음
의 유령이다.[10]

➔ 미국 철학자 랠프 월도 에머슨Ralph Waldo Emerson,
1803~1882의 말이다.

homogeneous
[hòumədʒíːniəs]

동종의, 동질의

The Harvard Business School graduates
are abysmal failures, because the
Business School assumes, for example, an
elite, homogeneous America, and we're the
most diversified country in the world. 하버
드 비즈니스 스쿨 졸업생들은 지독한 실패작들
이다. 미국은 세계에서 가장 다양성이 강한 나라
인데도 하버드 비즈니스 스쿨은 엘리트주의적
이고 동질적인 미국을 대변하고 있기 때문이다.

➔ 1980년대 말 미국 경영학자 피터 드러커Peter
Drucker, 1909~2005가 다양성의 가치를 강조하면서 한
말이다. 각기 다르면서도 최상의 조화를 이루는 심
포니 오케스트라가 가장 이상적인 조직 모델인 데
반해, 하버드 비즈니스 스쿨은 학생들의 출신배경
에서부터 스쿨의 의식·행태에 이르기까지 너무
획일적이라는 것이다.[11]

honor
[ánər]

명예, 영광, 경의

Ability without honor is useless. 신의信義 없는 능력은 쓸모가 없다.

→ 고대 로마의 철학자 키케로Cicero, B.C. 106~B.C. 43의 말이다.

I love the name of honor, more than I fear death. 나는 죽음의 공포보다 명예를 사랑한다.

→ 로마의 정치가 줄리어스 카이사르Julius Caesar, B.C. 100~B.C. 44의 말이다.

When faith is lost, when honor dies, the man is dead. 믿음을 잃고 명예가 죽으면 죽은 사람이다.

→ 미국 시인 존 휘티어John Greenleaf Whittier, 1807~1892의 말이다.

horn
[hɔːrn]

경적, 뿔, 호른

When you fill out an application for a job, blow your own horn. 취직 지원서를 작성할 때엔 자기 홍보를 적극적으로 해야 한다.[12]

blow one's own horn(trumpet)은 "자화자찬自畵自讚하다"는 뜻이다. 고대 로마 시대에 영웅이나 권력자의 도착을 알리기 위해 트럼펫trumpet을 불던 관행에서 유래된 말이다.

hornet
[hɔːrnit]

말벌, 호박벌, 심술쟁이

Don't stir up the hornet's nest. 긁어 부스럼 만들지 말라. 직역하자면, 말벌 집을 건드리지 말라는 뜻이다.

Please don't stir up a hornet's nest with your proposal to ban gum chewing in school. 학교에서 껌 씹는 것을 금지하는 제안으로 괜히 긁어 부스럼 만들지 마라.

horrible
[hɔ́ːrəbl, hɑ́r-]

끔찍한, 무서운, 지독한, 소름 끼치는, 참담한

The secret of happiness is to face the fact that the world is horrible, horrible, horrible. 행복의 비결은 이 세상이 끔찍할 정도로 무섭다는 것을 받아들이는 것에 있다.

➔ 영국 철학자 버트런드 러셀Bertrand Russell, 1872~1970 의 말이다.

horrifying
[hɔ́ːrəfàiiŋ, hɑ́r-]

무서운, 소름 끼치는, 어이없는

The more horrifying this world become, the more art becomes abstract. 이 세상이 살벌해질수록 미술은 더욱 추상으로 나아간다.

➔ 스위스 화가 파울 클레Paul Klee, 1879~1940의 말이다.

humble
[hʌmbl]

겸손한, 초라한, 미약한, 소박한, 겸허하게 하다

Your beginnings will seem humble, so prosperous will your future be. 네 시작은 미약했으나 네 나중은 심히 창대하리라.

➔ 구약성서 「욥기Job」 8장 7절에 나오는 말이다.

humility
[hjuːmíləti]

겸손

Extremes meet, and there is no better example than the naughtiness of humility.

극과 극은 통하는 법인데, 겸손의 고약함만큼 이
걸 잘 보여주는 예는 없다.

→ 미국 철학자 랠프 월도 에머슨Ralph Waldo Emerson,
1803~1882의 말이다.

hunch
[hʌntʃ]

혹hump, **덩어리**lump, **등을 활 모양으로 구부리다,**
예감, 육감

I've always played my hunches. 나는 늘 직
감으로 행동해 왔다.

My hunch was in the right direction. 나의
예감이 들어맞았다.

I have a hunch that he might be stubborn.
내게는 그가 어쩌면 고집불통일 것 같은 예감이
든다.

hunchback은 "곱사등(이)", sit up hunched over
one's work는 "등을 구부리고 앉아 일을 하다",
have a hunch that은 "어쩐지 ~한 예감이 들다",
play one's hunch는 "직감으로 행동하다"는 뜻이
다. '혹'과 '예감' 사이에 어떤 관계가 있는 걸까?
옛날 사람들은 곱추의 혹에 그 어떤 신비한 영적
파워가 있는 걸로 생각했기 때문이다.[13]

hunger
[hʌŋgər]

기아, 굶주림, 갈망

I saw few die of hunger, of eating, a
hundred thousand. 못 먹어 죽는 사람은 적
어도 많이 먹어 죽는 사람은 많다.

→ 미국 정치가이자 발명가인 벤저민 프랭클린
Benjamin Franklin, 1706~1790의 말이다.

I

idealist
[aidíːəlist]

이상주의자, 공상가

A cynic is simply a dead idealist. 냉소주의자는 맛이 간 이상주의자다.

→ 미국 독설가 앰브로즈 비어스Ambrose Bierce, 1842~1914의 말이다.

He remained an idealist in a world of cynics. 그는 냉소주의자들의 세계에서 이상주의자로 남아 있었다.

→ 미국 『뉴욕타임스』 칼럼니스트 제임스 레스턴 James Reston, 1909~1995이 사망했을 때 나온 헌사다.[1]

ignorance
[íɡnərəns]

무지, 무식

The more we study the more we discover our ignorance. 공부를 하면 할수록 자신의 무식을 깨닫게 된다.

→ 영국 시인 퍼시 셸리Percy Bysshe Shelley, 1792~1822의

말이다.

Not ignorance, but ignorance of ignorance
is the death of knowledge. 무지가 아니라 무
지에 대한 무지, 그것이 바로 지식의 죽음이다.

→ 영국 수학자이자 철학자인 앨프리드 노스 화이트
헤드Alfred North Whitehead, 1861~1947의 말이다.

ignorant
[ígnərənt]

모르는, 무지한, 무식한

To be ignorant of one's ignorance is the
malady of the ignorant. 무지한 사람들의 병
은 자신의 무지를 모른다는 것이다.

→ 미국 교육자 아모스 브론슨 올컷Amos Bronson Alcott,
1799~1888의 말이다.

illegitimate
[ilidʒítəmət]

서출의, 불법의, 사생아

There are no illegitimate children--only
illegitimate parents. 사생아는 없다. 불법적
인 부모만 있을 뿐이다.

→ 미국 법률가 레온 양크비치Leon Rene Yankwich, 1888~
1975의 말이다.

ill-gotten
[ilgάtn]

부정한 수단으로 얻은, 부정한

Ill-gotten gains never prosper. 부정이득은
오래가지 못한다.

→ 1592년 윌리엄 셰익스피어William Shakespeare,
1564~1616가 『헨리 6세Henry VI』에서 사용함으로써
널리 쓰이게 된 속담이다.[2]

illusion

[ilúːʒən]

환상, 착각

A pleasant illusion is better than a harsh reality. 유쾌한 환상이 가혹한 현실보다 낫다.

➜ 미국 작가 크리스천 네스텔 보비Christian Nestell Bovee, 1820~1904의 말이다.

Don't part with your illusions. When they are gone you may still exist, but you have ceased to live. 환상과 결별하지 말라. 환상이 사라지면 살아도 사는 게 아니다.

➜ 미국 작가 마크 트웨인Mark Twain, 1835~1910의 말이다.

Nothing is more sad than the death of an illusion. 환상의 죽음만큼 슬픈 건 없다.

➜ 헝가리 출신의 영국 작가 아서 케스틀러Arthur Koestler, 1905~1983의 말이다.

철학자 김영민은 환상illusion과 공상fancy의 차이에 대해 이렇게 말한다. "공상은 어떤 순발력의 이름이지만, 환상은 순발력이 사라져버린 상상의 형식을 가리킨다.……공상에는 환멸이 없지만, 환상에는 환멸이라는 비용이 따른다."[3]

immerse

[iméːrs]

(액체 속에) 담그다, ~에 몰두하다, 몰두하게 만들다

We cannot think first and act afterwards. From the moment of birth we are immersed in action and can only fitfully guide it by taking thought. 우리는 먼저 생각하고 나중에 행동할 수 없다. 태어나는 순간부터 우리는 행동 속으로 빠져들게 되며, 생각을 통해서 행동을 적절히 이끌어 나갈 수 있을 뿐이다.

> 영국 수학자이자 철학자인 앨프리드 노스 화이트
> 헤드Alfred North Whitehead, 1861~1947의 말이다.[4]
> immerse의 명사형은 immersion(액체 속에 담금, 몰
> 두, 몰입)이다.

imbecility
[imbəsíləti]

저능, 우둔함, 어리석은 짓

The essence of war is violence. Moderation
in war is imbecility. 전쟁의 본질은 폭력이다.
전쟁에서의 절제는 우둔한 짓이다.

> 영국 해군제독 존 피셔John A. Fisher, 1841~1920의 말
> 이다.

immunity
[imjúːnəti]

면제, 면역, 면책

To acquire immunity to eloquence is of
the utmost importance to the citizens of a
democracy. 능변能辯에 면역이 생기는 것이 민
주국가의 시민에게는 가장 중요하다.

> 영국 철학자 버트런드 러셀Bertrand Russell, 1872~1970
> 의 말이다.[5]

impatience
[impéiʃəns]

성급함, 조바심, 성마름

Nature thrives on patience; man on
impatience. 자연은 인내로 번성하지만, 인간
은 성급함으로 번성한다.

impetuosity
[impètʃuɑ́səti]

성급함, 격렬, 격렬한 행동

Impetuosity and audacity often achieve
what ordinary means fail to attain. 성급과

대담은 때로 보통의 방법으론 이룰 수 없는 것
을 성취하게 해준다.

→ 이탈리아 정치가이자 사상가인 마키아벨리Niccolò
Machiavelli, 1469~1527의 말이다.

improbable
[imprάbəbl]

일어날 성싶지 않은, 정말 같지 않은

Man can believe the impossible, but can
never believe the improbable. 인간은 불가
능한 것은 믿을 수 있어도 그럴듯하지 않은 것
은 믿지 않는다.

→ 영국 작가 오스카 와일드Oscar Wilde, 1854~1900의 말
이다.

imprudent
[imprú:dnt]

경솔한, 무모한, 경박한

There is nothing more imprudent than
excessive prudence. 과도한 신중만큼 더 경솔
한 건 없다.

→ 영국 작가 찰스 칼렙 콜튼Charles Caleb Colton, 1780~
1832의 말이다.

impulse
[ímpʌls]

충동, 자극, 욕망, 원동력

Whenever I hear anyone arguing for
slavery, I feel a strong impulse to see it
tried on him personally. 누구든지 노예제도
를 찬성하는 주장을 들을 때마다, 그 사람을 개
인적으로 노예를 시켜보면 어떨까 하는 강한 충
동이 생깁니다.[6]

→ 미국 제16대 대통령 에이브러햄 링컨Abraham

Lincoln, 1809~1865의 말이다.

inclination
[inklənéiʃən]

성향, 의향

Man's capacity for justice makes democracy possible, but man's inclination to injustice makes democracy necessary. 정의를 추구하는 인간의 능력이 민주주의를 가능하게 하지만, 불의로 빠지는 인간의 성향이 민주주의를 필요하게 만든다.

→ 미국의 신학자이자 정치학자인 라인홀드 니부어 Reinhold Niebuhr, 1892~1971의 말이다.

incompetence
[inkámpətəns]

무능, 무력, 부적당

In a hierarchy every employee tends to rise to his level of incompetence. 위계조직에서 모든 직원은 자신의 무능력 수준에 도달할 때까지 승진하려는 경향이 있다.

→ 캐나다 출신의 미국 교육학자 로렌스 피터Laurence J. Peter, 1919~1990가 1969년에 출간한 『피터의 법칙 The Peter Principle』에서 제시한 법칙이다. 그는 또한 이 법칙의 귀결로 시간이 지남에 따라 모든 조직은 임무를 제대로 수행할 수 없는 무능한 직원들로 채워질 것이며, 하위직 직원들의 신조는 "나 살 길만 찾는 것taking care of the molehill and let the mountain take care of themselves"이 될 것이라고 했다.[7]

inconsistency
[inkənsístənsi]

모순, 불일치, 무정견

Inconsistency is the only thing in which

men are consistent. 불일치는 인간이 일관성
을 지키는 유일한 것이다.

→ 영국 시인 호러스 스미스Horace Smith, 1779~1849의 말
이다.

indifference
[indífərəns]

무관심, 냉담

Where there is no difference, there is only
indifference. 차이가 없는 곳엔 무관심만 있다.

→ 미국 법률가 루이스 니저Louis Nizer, 1902~1994의 말
이다.

indispensable
[indispénsəbl]

필수적인, 불가결한, 꼭 필요한

The indispensable first step to getting the
things you want out of life is this: Decide
what you want. 인생에서 성공하기 위해 꼭
필요한 첫 번째 단계는 자신이 원하는 것을 스
스로 결정하는 것이다.

→ 미국 배우이자 작가인 벤 스타인Ben Stein, 1944~의
말이다.

indulge
[indʌldʒ]

빠지다, 탐닉하다

You can't cross the sea merely by standing
and staring at the water. Don't let yourself
indulge in vain wishes. 단지 물가에 서서 바
라보는 것만으론 바다를 건널 수 없다. 헛된 소
망에 탐닉하지 말라.

→ 인도 시인 라빈드라나트 타고르Ravindranatha Tagore,
1861~1941의 말이다.

industry
[índəstri]

산업, 근면

A man who gives his children habits of industry provides for them better than by a giving them a fortune. 자식에게 재산을 물려주는 것보다는 근면의 습관을 길러주는 게 낫다.

➔ 영국의 논리학자이자 성직자인 리처드 훼이틀리 Richard Whately, 1787~1863의 말이다.

inexperience
[inikspíəriəns]

경험 부족, 미숙

I will not make age an issue of this campaign. I am not going to exploit for political purposes my opponent's youth and inexperience. 나는 이번 선거에서 나이를 쟁점으로 만들고 싶지는 않다. 나는 내 경쟁자의 젊음과 미숙을 내 정치적 목적에 이용하진 않을 것이다.

➔ 1984년 미국 대통령 선거에서 공화당 후보 로널드 레이건Ronald Reagan, 1911~2004 참모들의 가장 큰 걱정 중의 하나는 민주당 후보 월터 먼데일(56세)에 비해 레이건이 너무 고령(73세)이라는 점이었는데, 10월 21일 제2차 텔레비전 토론에서 레이건은 자신의 나이에 대한 일반의 우려를 위와 같은 멋진 한마디로 잠재웠다.[8]

infancy
[ínfənsi]

유아기, 초기

Character building begins in our infancy, and continues until death. 성격 형성은 유아

기에 시작돼 죽을 때까지 계속된다.

→ 프랭클린 D. 루스벨트Franklin Delano Roosevelt, 1882~1945의 부인 엘리너 루스벨트Eleanor Roosevelt, 1884~1962의 말이다.

infantile
[ínfəntàil]

유아기의, 어린애 같은

Nationalism is an infantile disease. It is the measles of mankind. 내셔널리즘은 유아기적 질병이다. 그것은 인류의 홍역이다.

→ 세계적인 물리학자 알베르트 아인슈타인Albert Einstein, 1879~1955의 말이다.

내셔널리즘은 민족주의로 번역되기도 하지만, 다민족 국가인 미국의 내셔널리즘을 민족주의라고 부르긴 어렵다. 그래서 내셔널리즘이라는 외래어를 그대로 쓰기도 한다.

infantile paralysis는 "소아마비"다.

infantry
[ínfəntri]

보병, 보병대

Never think that war, no matter how necessary, nor how justified, is not a crime. Ask the infantry and ask the dead. 아무리 필요한 것 같고 정당화될 듯해도 전쟁은 범죄다. 군인에게 물어 보라, 죽은 자에게 물어 보라.

→ 미국 작가 어니스트 헤밍웨이Ernest Hemingway, 1899~1961의 말이다.

inflammatory
[inflǽmətɔ̀ːri]

열광시키는, 선동적인, 적의를 일으키는, 자극적인

Purely impassioned and emotional propaganda is disappearing. Even Hitler's most inflammatory speeches always contained some facts which served as base or pretext. 순전히 정열적이고 감정적인 선전은 사라져가고 있다. 히틀러의 선동적인 연설들조차 늘 근거 또는 구실로 쓰인 어느 정도의 사실은 담고 있었다.[9]

➜ 프랑스의 신학자이자 철학자인 자크 엘륄Jacques Ellul, 1912~1994의 말이다.

infuriate
[infjúərièit]

격앙시키다, 격분시키다

Ridicule is man's most potent weapon. It is almost impossible to counterattack ridicule. Also it infuriates the opposition, who then react to your advantage. 비웃음은 인간의 가장 효과적인 무기다. 비웃음에 대해 반격하기란 거의 불가능하다. 또한 비웃음은 상대를 격노하게 만들어서, 그는 오히려 당신에게 유리한 방향으로 대응하게 된다.

➜ 미국의 급진적 빈민운동가이자 지역사회 조직가 community organizer인 솔 알린스키Saul Alinsky, 1909~1972의 말이다.[10]

ingenious
[indʒíːnjəs]

재치 있는, 독창적인, 교묘한

Reading is sometimes an ingenious device for avoiding thought. 독서는 때때로 생각을

피하기 위한 교묘한 방법이다.

→ 영국 작가 아서 헬프스Arthur Helps, 1813~1875의 말이다.

ingenuity
[indʒənjúːəti]

발명의 재간, 창의력, 교묘한 고안

Never tell people how to do things. Tell them what to do and they will surprise you with their ingenuity. 사람들에게 일을 어떻게 하라고 말하지 말라. 무엇을 해야 하는가를 말하면 그들은 자신들의 재능으로 당신을 놀라게 만들 것이다.

→ 미국 장군 조지 패튼George S. Patton, 1865~1945의 말이다.

inherent
[inhíərənt]

내재된, 고유의, 타고난, 필연적인

The inherent vice of capitalism is the unequal sharing of blessings; the inherent virtue of socialism is the equal sharing of miseries. 자본주의의 고질적인 약점은 행복의 불공평한 분배다. 사회주의의 고질적인 미덕은 불행의 공평한 분배다.[11]

→ 영국 정치가 윈스턴 처칠Winston Churchill, 1874~1965의 말이다.

injury
[índʒəri]

부상, 손상, 상처, 피해

The remedy for injuries, is not to remember them. 기억하지 않는 게 상처를 낫게 한다.

injustice
[indʒʌstis]

불의, 부정, 불공평, 불법

Rather suffer an injustice than commit one. 불의를 범하느니 불의를 견디련다.

insanity
[insǽnəti]

정신이상, 광기, 미친 짓

There is no insanity so devastating in man's life as utter sanity. 인간의 삶에서 말짱한 제정신보다 더 파괴적인 광기는 없다.

→ 미국 신문인 윌리엄 앨런 화이트William Allen White, 1868~1944의 말이다.

insolence
[ínsələns]

오만, 무례

He had the insolence to tell me to leave the room. 그는 무례하게도 나에게 방을 나가 달라고 말했다.

Men often deceive themselves in believing that by humility they can overcome insolence. 사람들은 겸손으로 오만을 극복할 수 있다고 믿음으로써 자신을 속이곤 한다.

→ 이탈리아 정치가이자 사상가인 마키아벨리Niccolò Machiavelli, 1469~1527의 말이다.

insolence의 형용사형은 insolent(무례한, 거만한, 뻐기는)다. 라틴어 in은 "not", soleo는 "to be accustomed"를 뜻하는데, 여기서 비롯된 insolent는 "관습을 따르지 않는"이란 뜻이다. 관습을 존중하는 사람들의 입장에선 관습을 따르지 않는 사람은 무례하고 거만하게 여겨지기 마련이다.[12]

inspire
[inspáiər]

고무하다, 영감을 주다, 격려하다, 고취하다

Selfishness is one of the qualities apt to inspire love. 이기주의는 사랑의 감정을 불러 일으키기 쉬운 속성 가운데 하나다.

➜ 미국 작가 너새니얼 호손Nathaniel Hawthorne, 1804~1864의 말이다.

instinct
[ínstiŋkt]

본능, 소질, 직감

It is the rooted instinct in men to admire what is better and more beautiful than themselves. 자신보다 낫고 더 아름다운 걸 숭배하는 건 인간의 타고난 본능이다.

➜ 미국의 시인, 평론가 겸 외교관인 제임스 러셀 로웰James Russell Lowell, 1819~1891의 말이다.

insult
[insʌlt]

모욕(하다), 무례한 짓(을 하다)

Insults are the business of the court. 법원은 모욕이나 주는 곳이다.

➜ 1988년 노벨 문학상을 수상한 이집트 작가 나기브 마푸즈Naguib Mahfouz, 1911~2006의 말이다.[13]

intemperance
[intémpərəns]

무절제, 방종, 폭음

Health does not consist with intemperance. 건강은 부절제와 양립하지 않는다. (참고 temperance).

intense
[inténs]

강렬한, 강한, 심한, 집중적인, 격렬한

She's intense without being humorless.

She's ambitious but cheerfully self-deflating. 그녀는 유머를 잃지 않으면서도 강렬하며, 유쾌하게 자신을 낮추면서도 야심만만하다.

→ 2009년 2월 미국 영화 평론가 마크 해리스Mark Harris가 〈타이타닉〉의 스타 케이트 윈즐릿Kate Winslet, 1975~을 칭찬하면서 한 말이다.

intention
[inténʃən]

의도, 의사, 의지, 의향, 취지

Man punishes the action, but God the intention. 인간은 행위를 벌하지만 신은 의도를 벌한다.

intimacy
[íntəməsi]

친밀, 친교, 친함

Men need women more than women need men because women are intimacy-givers while men tend to be intimacy-takers. 남녀 모두 상대를 필요로 하지만 남자가 더 절박하다. 남자는 친밀감 수요자인 반면 여자는 친밀감 공급자이기 때문이다.

→ 카린 루빈스타인Carin Rubinstein과 필립 세이버Philip Shaver가 『In Search of Intimacy』(1982)에서 한 말이다.[14]

intimidate
[íntímədèit]

~을 두려워하게 하다, 겁먹게 하다, ~을 협박하다

Hatred is the coward's revenge for being intimidated. 증오는 두려움에 떠는 것에 대한 겁쟁이의 복수다.

175

➔ 영국 작가 조지 버나드 쇼George Bernard Shaw, 1856~ 1950의 말이다.

intolerant
[intálərənt]

편협한, 견딜 수 없는, 관용성이 없는

Success makes us intolerant of failure, and failure makes us intolerant of success. 성공은 실패를 참을 수 없게 만들고, 실패는 성공을 참을 수 없게 만든다.

➔ 미국 작가 윌리엄 페더William Feather, 1889~1981의 말이다.

intoxicate
[intáksikèit]

취하다, 취하게 하다, 도취(흥분)시키다

He is intoxicated with victory(by success, from wine). 그는 승리(성공, 술)에 취해 있다.

Nothing intoxicates some people like a sip of authority. 권력의 맛을 보면 누구나 거기에 취한다.

intoxicate는 독화살을 가리키는 그리스어 toxikon에서 비롯된 말이다. 세월이 흐르면서 toxicon은 화살과 관계없이 독poison을 뜻하게 되었고, 바로 여기서 toxic(독의, 유독한)란 말이 나오게 되었다. toxic의 동사형인 intoxicate는 '중독시키다'는 뜻으로 쓰였는데, 이는 오늘날 의학 용어에서만 살아남았고, 비유적으로 이와 같은 뜻을 갖게 된 것이다. intoxicant는 "취하게 하는 (것), 마취제, 알코올음료"를 뜻한다.[15]

intoxication

[intὰksikéiʃən]

중독, 도취, 술에 취함

Americans are born drunk, they have a sort of permanent intoxication from within, a sort of invisible champagne. 미국인들은 술에 취한 채로 태어나는 것 같다. 그들은 일종의 내면의 취함 상태다. 눈에 보이지 않은 샴페인을 마신 것처럼 말이다.

➔ 영국 작가 길버트 체스터턴Gilbert K. Chesterton, 1874~1936이 성취감에 들떠 있는 미국인들을 보고 한 말이다.[16]

intuition

[intju:íʃən]

직관, 직관적 통찰, 직감

Intuition becomes increasingly valuable in the new information society precisely because there is so much data. 새로운 정보화 사회에서는 정보가 흘러넘치기 때문에 직관은 더욱 중요하게 된다.

➔ 미국 미래학자 존 네이스비트John Naisbitt, 1929~의 말이다.

intuitive

[intjú:ətiv]

직관력intuition 있는, 직관적으로 인식하는

Intuitive judgment by the leader is essential, but it is effective only if it has been preceded by thorough analysis. 지도자의 직관적 판단은 필수적이지만, 그것은 철저한 분석이 선행될 때에 효과를 볼 수 있다.

➔ 미국 리더십 전문가 워런 베니스Warren Bennis, 1925~의 말이다.[17]

invincible

[invínsəbl]

정복할 수 없는, 무적의, 불굴의

In the depth of winter, I finally learned that within me there lay an invincible summer. 한겨울에 나는 내 안에 무적無敵의 여름이 웅크리고 있다는 것을 마침내 알게 되었다.

→ 프랑스 작가 알베르 카뮈Albert Camus, 1913~1960의 말이다.

jaundice
[dʒɔ́ːndis]

황달, 편견(을 가지게 하다)

His social position jaundiced his view of things. 사회적 지위가 사물을 보는 그의 눈을 비뚤어지게 만들었다.

He cast a jaundiced eye over the happy couple. 그는 행복한 두 사람에게 편견의 시선을 던졌다.

왜 황달이 편견이라는 비유적 의미를 갖게 되었을까? 황달에 걸린 사람은 모든 게 노랗게 보인다는 옛 속설 때문이다. jaundiced는 "황달에 걸린, 편견을 가진", take a jaundiced view of는 "~에 대하여 비뚤어진 견해를 가지다"는 뜻이다.[1]

jealous
[dʒéləs]

질투하는, 시기하는, 부러워하는, 탐내는

A jealous ear hears all things. 질투를 하는 사람은 귀가 얇아진다.[2]

179

jealousy
[dʒéləsi]

질투

Jealousy is the suspicion of one's own inferiority. 질투는 열등감의 표현이다.[3]

jest
[dʒest]

농담

Jests that give pains are no jests. 고통을 주는 농담은 농담이 아니다.

→ 스페인 작가 세르반테스Miguel de Cervantes, 1547~1616의 말이다.

The jest loses its point when he who makes it is the first to laugh. 농담을 던진 사람이 먼저 웃으면 농담이 죽는다.

→ 독일 시인 실러Johann von Schiller, 1759~1805의 말이다.

journey
[dʒə́ːrni]

여행, 여정, 행로

Success is never a destination—it is a journey. 성공은 종착지가 아니라 여정이다. 성공은 결과가 아니라 과정이다.

judicious
[dʒuːdíʃəs]

현명한, 판단력 있는, 신중한, 명민한

Originality is nothing but judicious imitation. 독창성이란 사려분별이 있는 모방에 지나지 않는다.

→ 프랑스 사상가 볼테르Voltaire, 1694~1778의 말이다.

Advertising—a judicious mixture of flattery and threats. 광고는 아첨과 위협을 명민하게 섞은 것이다.

→ 캐나다 문학비평가 노스럽 프라이Northrop Frye,

1912~1991의 말이다.

jury
[dʒúəri]

배심원, 심사위원

A jury consists of twelve persons chosen to decide who has the better lawyer. 12명의 배심원 제도도 어느 쪽이 훌륭한 변호사를 쓰느냐에 달렸다.

➔ 미국 시인 로버트 프로스트Robert Frost, 1874~1963의 말이다. 결국 재판은 돈으로 한다는 얘기다.[4]

K

kernel
[kə́:rnl]

핵심, 커널, 낟알

Unless a kernel of wheat falls to the ground and dies, it remains only a single seed. But if it dies, it produces many seeds. 한 알의 밀이 땅에 떨어져 죽지 아니하면 한 알 그대로 있고 죽으면 많은 열매를 맺느니라.

➜ 신약성서 「요한복음 John」 12장 24절에 나오는 말이다.

kin
[kin]

친척, 동일 종족, 민족

He is kin to me. 그는 나의 친척이다.
He comes of good kin. 그는 가문이 좋다.
kith and kin은 "친척, 일가친척, 지기知己"란 뜻이다. kin은 혈족血族인 반면, kith는 혈족이 아닌 이웃이나 친구를 의미하며 오직 kith and kin의 형식으로만 쓰인다. 영국 소설가 존 골즈워디John Galsworthy, 1867~1933가 『In Chancery』(1920)에서 사용함으로써 널리 쓰이는 말이 되었다.[1]

knockout	결정적인 대타격, KO, 굉장한 것(사람), 매력적인 미녀, 크게 히트한 영화(상품)
[nɑ́:kàut]	She is a knockout. 그녀는 굉장한 미녀다.

L

lame
[leim]

절름발이의, 서투른

Science without religion is lame, religion without science is blind. 종교 없는 과학은 불구이고, 과학 없는 종교는 맹목이다.

→ 세계적인 물리학자 알베르트 아인슈타인Albert Einstein, 1879~1955의 말이다.

lampoon
[læmpúːn]

풍자(문학, 예술), 풍자(조롱)하다.

The play lampooned several persons of importance in the government. 그 연극은 정부의 중요 인물 몇 사람을 풍자했다.

lampoon은 프랑스 고어古語인 lampons(let us drink)에서 유래된 말이다. 17세기 프랑스 풍자시에선 lampons가 후렴구처럼 많이 사용되었다. lampoon은 『National Lampoon』, 『Harvard Lampoon』 등과 같은 풍자 전문 잡지의 이름으로

쓰이기도 한다.[1]

lasting
[lǽstiŋ]

지속되는, 영구적인, 오랜, 영원한

No entertainment is so cheap as reading, nor any pleasure so lasting. 독서만큼 값싼 즐길 거리는 없으며, 오래 지속되는 즐거움도 없다.

→ 영국 작가 메리 몬태규Mary Wortley Montagu, 1689~1762의 말이다.

laughable
[lǽfəbl]

우스운, 우스꽝스러운, 재미있는

Men show their character in nothing more clearly than by what they think laughable. 무엇을 보고 웃느냐 하는 것만큼 사람의 인격을 잘 드러내주는 것도 없다.

→ 독일 시인 요한 볼프강 괴테Johann Wolfgang von Goethe, 1749~1832의 말이다.

launch
[lɔːntʃ]

발사, 시작, 출시, 발표, 개시(하다)

All glory to launches. 모든 영광은 시작에 있다.

→ 고교 중퇴생인 데이비드 카프David Karp, 1986~가 2007년에 세운 소셜네트워크서비스SNS 텀블러 Tumblr의 모토다. 2013년 5월, 야후가 텀블러를 11억 달러(약 1조 2000억 원)에 인수해 카프는 인수 대금 중 2억 달러를 챙기면서 스물일곱 살에 벼락부자가 됐다.[2]

lavish
[lǽviʃ]

아끼지 않는, 마음이 후한, 풍부한

Speaking much is a sign of vanity, for he that is lavish with words is a niggard in deed. 말을 많이 하는 건 허영심의 징후다. 말을 낭비하는 사람은 행동에 인색하기 때문이다.

→ 영국 귀족으로 탐험가이자 작가인 월터 롤리Sir Walter Raleigh, 1554~1618의 말이다.

lechery
[létʃəri]

호색, 음탕, 음탕한 행위

Lechery and covetousness go together. 색욕과 탐욕은 동전의 양면과 같다.

legacy
[légəsi]

유산, 유증, 유물

The quality of the fights he chooses will determine whether his legacy is built on rock or sand. 그가 선택하는 싸움들의 질에 따라 그의 유산이 바위 위에 세워지느냐 모래 위에 세워지느냐의 여부가 결정될 것이다.

→ 『타임』 칼럼니스트 조 클라인Joe Klein, 1946~이 2009년 5월 4일자 칼럼에서 미국 대통령 버락 오바마의 리더십에 대해 한 말이다.

libertine
[líbərtìːn]

방탕자, 난봉꾼, 방탕한, 자유사상의, 자유사상가

A libertine life is not a life of liberty. 방탕한 삶은 자유로운 삶이 아니다.

libertine은 고대 로마에서 해방된 노예를 뜻하는 libertinus가 갑작스럽게 주어진 자유를 감당하지 못해 방종을 일삼았다고 해서 나온 말이다.[3] 자유사상가를 뜻하는 libertine에서 나온 자유분방주의 libertinism는 도덕률과 도덕적 구속력으로부터 자유로운 기질이나 행태를 뜻한다. 영국 철학자 토머스 홉스Thomas Hobbes, 1588~1679와 그의 사상에 우호적인 사람들에게 붙여진 이름이 리버틴libertine이었는데, 바로 여기서 유래된 말이다. 당시 사람들이 홉스를 자유분방한 사람으로 부른 이유는 주로 그가 무신론자이고 국교를 믿지 않고 당시의 일반적인 도덕에 대해 비판적이었기 때문이다. 홉스는 결코 무신론자는 아니었지만 그렇게 오해되어 경멸적으로 불렸다. 그 시절에는 튀는 자유주의자였던 셈이다.[4]

lighten
[láitn]

가벼워지다, 편하게 하다, 번개가 치다, 밝히다

The burden of self is lightened when I laugh at myself. 자신의 짐은 스스로 웃을 때 덜 수 있다.

→ 인도 시인 라빈드라나트 타고르Rabindranath Tagore, 1861~1941의 말이다.[5]

lop
[lap]

잘라내다, 쳐내다, 잔물결

If the rabble were lopped off at one end and the aristocrats at the other, all would be well with the country. 한쪽 끝에서 하층민들이 떨어져 나가고 또 다른 한쪽에서 귀족들이 떨어져 나가면 그 나라는 모든 것이 잘 될 것입니다.

→ 자신이 중산층의 친구라고 주장한 미국 제17대 대

통령 앤드루 존슨Andrew Johnson, 1808~1875의 말이다.[6]

loquacity
[loukwǽsəti]

말 많음, 다변, 수다

Loquacity and lying are cousins. 다변多辯과 거짓말은 사촌 관계다.

lot
[lat]

많은, 큰, 부지, 운명

No man is content with his lot. 자신의 운명에 만족하는 사람은 없다.

loud
[laud]

소리가 큰, 시끄러운, 야단스러운, 야한

Actions speak louder than words. 말보다는 행동이 더 큰 힘을 쓰는 법이다. 실천이 말보다 더 중요하다.

lousy
[láuzi]

형편없는, 질이 낮은, 몸이 안 좋은, 비열한

A great carpenter isn't going to use lousy wood for the back of a cabinet, even though nobody's going to see it. 위대한 목수는 아무도 보지 않는다고 해서 장롱 뒤에다가 질이 나쁜 목재를 사용하지 않는다.

➔ 애플의 스티브 잡스Steve Jobs, 1955~2011의 말이다. 잡스의 통제욕과 완벽주의는 심지어 내부의 PC 회로기판처럼 숨겨진 곳의 아름다움까지 신경 쓰는 수준에까지 이르렀다. 컴퓨터 안에 들어가는 볼트에도 비싼 도금을 하는 등 수리공 이외에는 아무도 볼 일이 없는 부분도 바깥쪽과 똑같이 공을 들였

다. 소비자가 열자마자 쓰레기통에 버릴 박스나 포
장의 외양에도 집착에 가까운 정성을 들였다. 애플
스토어 화장실 표지판에 들어갈 회색의 색조를 결
정하는 데까지 관여해 그걸 정하는데 30분이나 걸
렸다고 한다. 자신의 그런 기질과 관련, 잡스는 이
와 같이 말한 것이다.[7]

lunatic
[lúːnətik]

정신 이상자, 괴짜, 미친

You may be right. I may be crazy. But it
just may be a lunatic you're looking for. 당
신이 맞을 수도 있어요. 아마 난 미쳤나 봐요. 하
지만 당신이 찾고 있는 사람이 미치광이일지도
모르죠.

➜ 미국 가수 빌리 조엘Billy Joel, 1949~이 부른 〈You
May Be Right〉의 가사 일부다.[8]

M

mantra
[mǽntrə]

(명상이나 기도 때 외우는) 주문

That's been one of mantras—focus and simplicity. Simple can be harder than complex. 제가 항상 반복해서 외우는 주문 중 하나는 집중과 단순함입니다. 단순함은 복잡함보다 더 어렵습니다.

→ 애플의 스티브 잡스Steve Jobs, 1955~2011가 1998년 5월 12일 『비즈니스위크』와의 인터뷰에서 한 말이다.[1]

mariner
[mǽrənər]

선원, 뱃사람

Ideals are like the stars: we never reach them, but like the mariners of the sea, we chart our course by them. 이상은 별과 같다. 우리는 결코 별에 도달하지 못하지만 바다의 항해사들처럼 그걸 보고 우리의 나아갈 길을 결정

한다.

→ 독일 출신의 미국 언론인이자 정치가인 칼 슈츠 Carl Schurz, 1829~1906의 말이다.

maroon
[mərúːn]

고립시키다, 무인도에 버려진 사람, 밤색의

Three people marooned on a desert island would soon reinvent politics. 세 사람이 무인도에 고립되면 곧 그곳에서 정치가 다시 시작될 것이다.

→ 미국의 금언 작가aphorist 메이슨 쿨리Mason Cooley, 1927~2002의 말이다.

martyr
[máːrtər]

순교자, 목숨을 바치는 사람

The tyrant dies and his rule is over; the martyr dies and his rule begins. 독재자가 죽으면 그의 지배는 끝나지만, 순교자가 죽으면 그의 지배가 시작된다.

→ 네덜란드 철학자 키르케고르Søren Aabye Kierkegaard, 1813~1855의 말이다.

martyrdom
[máːrtərdəm]

순교, 순교자의 고통

Martyrdom has always been a proof of the intensity, never of the correctness of a belief. 순교는 늘 신조의 강렬함의 증거였을 뿐 그 옳음의 증거는 아니었다.

→ 오스트리아 작가 아서 슈니츨러Arthur Schnitzler, 1862~1931의 말이다.

maturity
[mətjúərəti]

성숙, 만기

Maturity is the capacity to endure uncertainty. 성숙은 불확실성을 견뎌내는 능력이다.

→ 미국 교육자 존 핀리John Huston Finley, 1863~1940의 말이다.

measles
[míːzlz]

홍역

Love's like the measles, all the worse when it comes late. 사랑은 홍역과 같아 늦게 올수록 좋지 않다.

measure
[méʒər]

대책, 조치, 한도, 표준, 법안, 측정하다, 평가하다

Measure is treasure. 적당한 게 최고다.

There is measure in all things. 모든 일에는 중용이 좋다.

The measure of a man is what he does with power. 권력의 자리에 올랐을 때 인간 됨됨이가 드러난다.

→ 고대 그리스의 정치가 피타쿠스Pittacus, B.C. 650~B.C. 570의 말이다.

Money is the measure of power. 돈은 권력의 척도다.

→ 미국 작가 엘버트 허바드Elbert Hubbard, 1856~1915의 말이다.

It's so easy to fall into the trap of measuring only what's easy to measure. 측정하기 쉬운 것만을 측정하는 함정에 빠지기 쉽다.

→ 미국의 기업가이자 리더십 전문가인 맥스 드 프리
Max De Pree가 리더가 가장 경계해야 할 것 중의 하
나로 한 말이다.[2]

for good measure는 "덤으로, 여분으로, 분량을
넉넉하게", give good(full) measure는 "넉넉히 재
어(달아) 주다", give short measure는 "부족하게
재어(달아) 주다"는 뜻이다.

measured

[méʒərd]

신중한, 숙고한, 정확히 잰

Those who say Obama won because of
the financial crisis are telling only half the
story. He won because he reacted to the
crisis in measured, mature way. 오바마가
금융위기 때문에 승리했다고 말하는 사람들은
진실의 반만 말한 것이다. 오바마는 신중하고 성
숙한 방식으로 위기에 대응했기 때문에 이긴 것
이다.

→ 『타임』 칼럼니스트 조 클라인 Joe Klein, 1946~이
2008년 11월 17일자 칼럼에서 버락 오바마의 대
통령 당선에 대해 한 말이다.[3]

medieval

[mìːdíːvəl, mè-]

중세의, 낡은, 구식의

Capital punishment discriminates against
minorities and protects the lives of white
people as more valuable. The death
penalty makes politicians appear tough
on crime. Instead of dealing with the
causes, it deals with individual symptoms.

It's a medieval system of dealing with social problems. 사형제는 소수파를 차별하고 백인의 목숨을 더 가치 있는 것으로 보호해주는 것입니다. 정치인들이 범죄에 강력 대처한다고 보이게 만들지요. 사형제는 원인을 다루는 게 아니라 개별적 증상을 다루는 것입니다. 사회문제를 다루는 중세적 시스템입니다.

➔ 미국 노스웨스턴대학의 저널리즘 교수로 사형제 반대운동을 펴는 데이비드 프로테스David Protess가 1998년 언론 인터뷰에서 한 말이다.[4]

mediocrity
[mìːdiάkrəti]

평범, 보통, 범인凡人

In the republic of mediocrity, genius is dangerous. 범인凡人 공화국에선 천재는 위험하다.

➔ 미국 정치인 로버트 잉거솔Robert G. Ingersoll, 1833~1899의 말이다.

Democracy is a festival of mediocrity. 민주주의는 평범의 축제다.

➔ 루마니아 철학자 에밀 시오란Emile Cioran, 1911~1995의 말이다.

megalomania
[mègəlouméiniə]

과대망상

If the national mental disease of the United States is megalomania, that of Canada is paranoid schizophrenia. 미국의 국가적 정신병이 과대망상이라면 캐나다의 국가적 정신병은 편집성 정신분열증이다.

→ 캐나다 작가 마거릿 애투드Margaret Atwood, 1939~의 말이다.

mercy
[mə́ːrsi]

자비, 관용, 은총

Mercy is an attribute of God. 자비는 신의 속성이다.

Mercy surpasses justice. 정의보다는 관용.[5]

merit
[mérit]

장점, 이점, 가치, 공로, 혜택

If you wish your merit to be known, acknowledge that of other people. 당신의 장점이 알려지길 원한다면 남의 장점부터 인정하라.

mess
[mes]

엉망을 만들다, 혼란, 엉망진창

Don't mess with me now. 이제 쓸데없는 간섭은 그만 둬라.

Don't even think of messing with the new teacher. She's tough. 행여 새로 온 선생님을 화나게 만들지 마. 보통 깐깐한 게 아냐.

mess의 주요 의미는 "혼란(하게 만들다)"인데, 간섭이나 방해 등의 비유적 의미는 미국의 흑인 영어에서 비롯되었다. mess with a person은 "귀찮게 하다, 화나게 만들다, 간섭하다, 방해하다"는 뜻이다.[6]

messy
[mési]

지저분한, 혼란을 일으키는, 난잡한, 어질러진, 더러운, 귀찮은, 성가신

Life is messy. 인생은 골치 아픈 거야.

mickle
[míkl]

큰, 많은, 많음, 다량多量

Many a little makes a mickle. 티끌 모아 태산. 가랑비에 옷 젖는 줄 모른다.

Every little makes a mickle. = Many drops make a flood. = Little strokes fell great oaks라고도 한다.

midwife
[mídwàif]

산파, 조산사

Adversity is the midwife of genius. 역경은 천재의 산파다.

→ 나폴레옹 보나파르트Napoleon Bonaparte, 1769~1821의 말이다.

midwife는 산모와 아이 사이에 middle(중간) 역할을 하기 때문에 붙여진 이름이라고 보아도 무방하지만, 기원은 옛날 영어인 mid(with)와 wif(woman)가 합해진 말로, 산모 곁에 머무르면서 도움을 주는 사람이라는 뜻이다.[7]

mine
[main]

광산, 지뢰, 채굴하다

Her book is a mine of valuable information. 그녀의 책은 가치 있는 정보의 보고寶庫다.

mine은 비유적으로 "풍부한 자원, 보고寶庫"라는 뜻으로 쓰이며, mine of information은 "정보의 보고寶庫"라는 뜻으로 쓰인다.[8]

misanthropy
[misǽnθrəpi]

염세, 인간혐오, 사람을 싫어하는 성질, 사람을 싫어하기

Landscape painting is the obvious

resource of misanthropy. 풍경화는 인간혐오의 속보이는 수단이다.

→ 영국 작가 윌리엄 해즐럿William Hazlitt, 1778~1830의 말이다.

Misanthropy is a realistic attitude toward human nature for Americans who do not necessarily hate everybody, but are tired of compulsory gregariousness. '사람을 싫어하는 성질'은 꼭 모든 이를 미워하진 않지만 강제적 사교행위에 지친 미국인들에게는 인간 본성에 근접하는 현실적 태도다.

→ 보수적 가치를 역설하는 미국 작가 플로렌스 킹Florence King, 1936~이 1996년 저서 『Florence King Reader』에서 한 말이다. 그녀는 이미 1992년 저서 『With Charity Toward None: A Fond Look at Misanthropy』에서 미국인들이 내면의 세계를 갖지 못한 채 사교에만 미쳐 돌아가고 있다며 'misanthropy'를 다시 볼 것을 요청했다. 그녀는 "남자와 같이 사는 게 좋아 보이지 않는다"는 이유로 독신으로 살고 있다.[9]

mischief
[místʃif]

해악, 악영향, 손해, 곤란한 점, 장난

One mischief comes on the neck of another. 설상가상雪上加霜. 엎친 데 덮친다.

The mischief of it is that~은 "곤란한 점은 ~이다", eyes full of mischief는 "장난기로 가득한 눈", keep children out of mischief는 "아이들을 장난치지 못하게 하다", on(over, in) the neck of는 "~에

뒤이어서"란 뜻이다.[10]

misery
[mízəri]

고통, 불행, 비참, 어려움

There is no greater grief than to remember days of joy when misery is at hand. 불행이 닥쳤을 때 좋았던 시절을 떠올리는 것보다 더 큰 슬픔은 없다.

➡ 이탈리아 시인 단테Dante, 1265~1321의 말이다.

mistreat
[mɪstri:t]

학대하다, 혹사하다

Bless those who curse you, pray for those who mistreat you. 너희를 저주하는 자를 위하여 축복하며 너희를 모욕하는 자를 위하여 기도하라.

➡ 신약성서 「누가복음Luke」 6장 28절에 나오는 말이다.

mistress
[místris]

정부情婦, 연인

Wives are young men's mistresses, companion for middle age, and old men's nurses. 아내는 젊은 남편에겐 정부情婦, 중년 남편에겐 친구, 늙은 남편에겐 간호사다.

➡ 영국 철학자 프랜시스 베이컨Francis Bacon, 1561~1626의 말이다.

Medicine is my lawful wife and literature my mistress; when I get tired of one, I spend the night with the other. 의학은 나의 법적 아내요 문학은 내 정부情婦다. 나는 어느 하나가 싫증나면 다른 하나와 함께 밤을 보낸다.

→ 모스크바대 의대 출신 러시아 작가 안톤 체호프 Anton Chekhov, 1860~1904의 말이다.

mob
[mab]

군중, 폭도, 집단

A mob is a group of persons with heads but no brains. 군중은 머리만 있고 두뇌는 없는 사람들의 집단이다.

→ 영국 역사가 토머스 풀러Thomas Fuller, 1608~1661의 말이다.

mob은 17세기경 라틴어 mobile vulgus(fickle or excitable crowd)에서 나온 말이다. 이 말이 mobile의 과정을 거쳐 mob으로 줄어든 것이다.[11]

moderate
[mɑ́dərət]

온건한, 적당한, 중도의, 보통의

With people of only moderate ability modesty is mere honesty; but with those who possess great talent it is hypocrisy. 평범한 사람의 겸손은 정직이지만 탁월한 사람의 겸손은 위선이다.

→ 독일 철학자 아르투르 쇼펜하우어Arthur Schopenhauer, 1788~1860의 말이다.

modesty
[mɑ́dəsti]

겸손, 소박함, 정숙함

Modesty may make a fool seem a man of sense. 겸손은 바보도 현자賢者처럼 보이게 만들 수 있다.

→ 영국 작가 조너선 스위프트Jonathan Swift, 1667~1745의 말이다.

It is easy for a somebody to be modest, but it is difficult to be modest when one is a nobody. 잘 나가는 사람이 겸손하긴 쉽지만 별 볼 일 없는 사람이 겸손하긴 어렵다.

➔ 프랑스 작가 쥘 르나르Jules Renard, 1864~1910의 말이다.

monocle
[mάnəkl]

외알 안경

A cynic is a man who looks at the world with a monocle in his mind's eye. 냉소주의 자는 마음의 눈에 외알 안경을 쓴 채 세상을 바라보는 사람이다.

➔ 미국 작가 캐럴린 웰스Carolyn Wells, 1862~1942의 말이다.

monologue
[mάnəlɔ̀:g]

독백

Two monologues do not make a dialogue. 독백은 두 번 해도 대화가 아니다. 일방통행 식 독백을 두 번 한다고 소통이 되는 것은 아니다.[12]

navigator
[nǽvəgèitər]

조종사, 항해사

The wind and the waves are always on the side of the ablest navigators. 바람과 파도는 늘 가장 유능한 항해사의 편이다.

→ 영국 역사가 에드워드 기번Edward Gibbon, 1737~1794의 말이다.

미국의 넷스케이프 커뮤니케이션Netscape Communications사가 1994년에 개발한 웹 브라우저의 이름을 '네비게이터Navigator'로 붙여 우리에게도 매우 친숙한 단어다. 이젠 웹 브라우저를 사용해 인터넷에서 여기저기 돌아다니며 정보를 수집하는 사람은 물론 길을 알려주는 자동차의 안내 장치도 네비게이터라고 한다. 심지어 『부가가치세 실무 네비게이터』(2013)라는 제목의 책이 나올 정도로, '안내자'의 의미로 널리 쓰이고 있다.

negation
[nigéiʃən]

부정, 반대

Consensus is the negation of leadership.
의견의 일치를 요구하는 것은 리더십을 부정하
는 것이다.

→ 1979~1990년 영국 수상을 지낸 '철의 여인' 마거
릿 대처Margaret Thatcher, 1925~의 말이다.

neglect
[niglékt]

무시, 소홀히 하다, 게을리 하다, 등한시하다, 방치
하다

Neglect will kill an injury sooner than
revenge. 복수보다는 무시가 상처를 빨리 낫게
한다.

negotiable
[nigóuʃiəbl]

양도할 수 있는, 교섭할 여지가 있는

Dignity is not negotiable. 존엄성은 협상의
대상이 아니다.

→ 미국 교육자 바탄 그레고리언Vartan Gregorian, 1934~의
말이다.[1]

negotiate
[nigóuʃièit]

협상하다, 협의하다

Let us never negotiate out of fear. But let
us never fear to negotiate. 두려움 때문에 협
상하지는 맙시다. 그러나 협상하는 걸 두려워하
지도 맙시다.

→ 미국 제35대 대통령 존 F. 케네디John F. Kennedy,
1917~1963가 1961년 1월 20일 대통령 취임 연설에
서 한 말이다.

nourish
[nə́ːriʃ]

영양분을 공급하다, 육성하다, 풍요롭게 하다

Desires are nourished by delays. 욕망은 지연될수록 커진다.

novice
[nɑ́vis]

풋내기, 미숙자, 초심자

Man arrives as a novice at each age of his life. 인간은 새로운 나이를 먹을 때마다 초심자로 시작한다.

➔ 프랑스 작가 세바스찬 샹포르Sebastien Chamfort, 1741~1794의 말이다.

nurse
[nəːrs]

유모, 보모, 간호사

Disappointment is the nurse of wisdom. 실망은 지혜의 유모다.

➔ 아일랜드 정치가 보일 로쉬Boyle Roche, 1736~1807의 말이다.

O

obedience
[oubí:diəns]

복종, 순종, 공손함

Obedience is the mother of success. 복종은
성공의 어머니다.

obey
[oubéi]

복종하다, 준수하다, 따르다

Wicked men obey from fear; good men,
from love. 나쁜 사람은 공포 때문에 복종하고
좋은 사람은 사랑 때문에 복종한다.

→ 그리스 철학자 아리스토텔레스Aristotle, B.C. 384~B.C.
322의 말이다.

He that cannot obey cannot command. 복
종할 줄 모르는 사람은 명령할 줄도 모른다. 복
종할 줄 모르는 사람은 명령해서도 안 된다.

→ 미국 정치가이자 발명가인 벤저민 프랭클린
Benjamin Franklin, 1706~1790의 말이다.

objective
[əbdʒéktiv]

객관적인, 목적, 목표, 목적격

We all live with the objective of being happy; our lives are all different and yet the same. 우리는 모두 행복을 목표로 살아간다. 우리의 삶은 모두 다른데도 그것만은 같다.

➔ 나치 수용소 가스실에서 죽은 유대 소녀 안네 프랑크Anne Frank, 1929~1945의 말이다.

obnoxious
[əbnɑ́kʃəs]

밉살스러운, 불쾌한, 아주 싫은, 욕지기나는

It's pretty hard to be efficient without being obnoxious. 점잔을 빼면서 효율적이기는 매우 어렵다.

➔ 미국의 유머리스트humorist 킨 허바드Kin Hubbard, 1868~1930의 말이다.

an obnoxious politician은 '역겨운 정치가'다.

obscure
[əbskjúər]

어두운, 불분명한, 희미한, 가리는, 어둡게 하다, 가리다, 덮어 감추다

Fiction reveals truth that reality obscures. 픽션은 현실이 감추는 진실을 보여준다.

➔ 미국 작가 제서민 웨스트Jessamyn West, 1902~1984의 말이다.

obscurity
[əbskjúərəti]

어두컴컴함, 불명료함, 애매한 상태, 몽롱, 무명, 세상에 알려지지 않음

Glory is fleeting, but obscurity is forever. 영광은 순식간에 지나가지만 잊히는 건 영원하다.

→ 나폴레옹 보나파르트Napoleon Bonaparte, 1769~1821의 말이다.

obsess
[əbsés]

~에 사로잡히다, ~을 지배하다, 늘 붙어 다니다

We have become a culture obsessed with perfect pleasure, and we believe that a happy and fulfilling life is devoid of painful emotions. Any discomfort that breaks, or threatens to break, the flawless flow of positive emotions is taken as a sign of some inherent fault, one that must be fixed quickly. 완벽한 쾌락에 집착하는 문화 속에 살고 있는 우리는 행복하고 만족스러운 삶은 고통스러운 감정이 없는 것이어야 한다고 믿고 있다. 긍정적인 감정의 매끄러운 흐름을 깨거나 깰 수 있는 불편함은 그 무엇이건 빨리 해소해야 할 내적 결함의 증상으로 간주된다.[1]

→ 미국 하버드대학교 심리학 교수 탈 벤 샤하르Tal Ben-Shahar가 긍정심리학을 다룬 저서『완벽의 추구 The Pursuit of Perfect』(2009)에서 한 말이다.

obsessive
[əbsésiv]

사로잡힌, 들린, 망상에 빠진

Perhaps the decisive factor is fanatical care beyond the obvious stuff: the obsessive attention to details that are often overlooked, like cables and power adaptors. 아마도 결정적인 요소는 눈에 잘 띄는 부분 이외에도 믿기지 않을 정도로 꼼꼼하게

신경을 쓴다는 점입니다. 연결선이나 전기어댑
터처럼 보통 간과되는 세부적인 곳까지 집요한
주의를 기울인다는 것이지요.

➡ 미국 애플사 제품의 모든 디자인을 책임지고 있는
조너선 아이브Jonathan Ive, 1967~가 2006년 애플 디
자인의 강점을 묻는 질문에 답하면서 한 말이다.[2]

obsolete
[àbsəlíːt]

진부한, 구식의, 시대에 뒤진, 쇠퇴한, 쓸모없어진
Nothing is so hideous as an obsolete
fashion. 진부한 패션만큼 끔찍한 건 없다.

➡ 프랑스 소설가 스탕달Stendhal, 1783~1842의 말이다.

obstacle
[ábstəkl]

장애, 방해, 지장이 되는 것
The greater the obstacle, the more glory
in overcoming it. 장애가 클수록 그걸 극복하
는 기쁨도 큰 법이다.

➡ 프랑스 작가 몰리에르Moliere, 1622~1673의 말이다.

obstinacy
[ábstənəsi]

완고함, 집요한 끈기
That which is called firmness in a king is
called obstinacy in a donkey. 왕에게 확고부
동이라 불리는 건 당나귀에겐 '똥고집'이라 불린
다.

➡ 영국 정치가 토머스 어스킨Thomas Erskine, 1750~1823
의 말이다.

occasion
[əkéiʒən]

행사, 경우, 기회, 때, 계기
Occasions are rare; and those who know

how to seize upon them are rarer. 기회는
드물고 그걸 붙잡는 법을 아는 사람은 더욱 드
물다.

→ 조시 빌링스Josh Billings라는 필명으로 활동한 미국
의 유머리스트humorist 헨리 휠러 쇼Henry Wheeler
Shaw, 1818~1885의 말이다.

odds
[adz]

가능성, 확률, 승산, 차이, 불화

The odds are no better than fifty-fifty
that our present civilization on Earth will
survive to the end of the present century.
지구의 현 문명이 금세기 말까지 살아남을 수
있는 확률은 50대 50정도일 것이다.

→ 영국 케임브리지대학교의 천문학자 마틴 리스
Martin Rees, 1942~가 2003년에 출간한 『우리의 마지
막 시간Our Final Hour』에서 한 말이다. 그는 이 책에
서 새로운 종류의 고위험 과학 실험과 개발로 지
구상 생명체의 존재가 위험에 처했고, 심지어 우주
자체의 존재도 위태롭게 되었다고 경고했다.[3]

onlooker
[ɑːnlukə(r), ɔːn–]

구경꾼, 방관자

Onlookers see more of the game. 구경꾼이
한 수 더 본다.

→ Lookers-on see more of the game이라고도 한다.

opiate
[óupiət]

아편(의, 으로 마취시키다), 마취시키는

Religion is the opiate of the people. 종교는
인민의 아편이다.

➔ 카를 마르크스Karl Marx, 1818~1883의 말이다.

ornament
[ɔ́:rnəmənt]

장식裝飾

Modesty is not only an ornament, but also a guard to virtue. 겸손은 장식일 뿐만 아니라, 덕행의 파수병이다.

➔ 영국 작가 조지프 애디슨Joseph Addison, 1672~1719의 말이다.[4]

overconnectedness
[ouvərkənéktidnis]

연결 과잉, 과잉 교류

Overconnectedness is the disease of the Internet age. 과잉 교류는 인터넷 시대의 질병이다.

➔ 『샌프란시스코 크로니클San Francisco Chronicle』 1999년 8월 12일자에 나온 말이다.

overconnectedness는 인터넷과 핸드폰 등 새로운 커뮤니케이션 테크놀로지로 쉬지 않고 다른 사람들과 교류하는 데서 빚어지는 사회적 질병을 말한다.[5]

overtax
[ouvərtæks]

지나친 과세를 하다, ~에 과중한 부담을 지우다, 지나치게 일을 시키다

Insanity is often the logic of an accurate mind overtaxed. 광기는 종종 올바른 정신의 과도함이 빚어내는 논리다.

➔ 미국 대법관을 지낸 올리버 웬들 홈스Oliver Wendell Holmes, 1841~1935의 말이다.

oyster
[ɔ́istər]

굴, 과묵한 사람

He was a bold man that first ate an oyster. 굴을 처음 먹은 사람은 용감한 사람이었다.

→ 영국 작가 조너선 스위프트Jonathan Swift, 1667~1745의 말이다.

an oyster of a man은 "말이 없는 사람", as close as an oyster는 "입이 매우 무거운", as dumb(silent) as an oyster는 "통 말이 없는"이란 뜻이다.

pain
[pein]

고통, 통증, 진통

To know the pains of power, we must go to those who have it; to know its pleasures, we must go to those who are seeking it. 권력의 고통을 알려면 권력을 가진 자에게 묻고, 권력의 쾌락을 알려면 권력을 추구하는 자에게 물어보라.

➔ 영국 작가 찰스 칼렙 콜튼Charles Caleb Colton, 1780~1832의 말이다.

palliative
[pǽlièitiv]

변명하는, 완화제, 일시적으로 가볍게 하는

Obama is cool where George W. Bush seemed hot, fluent where Bush seemed tongue-tied, palliative rather than hortative. 오바마는 조지 W 부시가 뜨겁게 반응했을 일에 쿨하고, 부시가 말이 꼬였을 일에

유창하고, 설교보다는 위로에 능하다.

→ 『타임』 칼럼니스트 조 클라인Joe Klein, 1946~이 2009년 5월 4일자 칼럼에서 한 말이다.

paraphernalia
[pærəfərnéiljə]

(개인의) 자잘한 소지품

He collected together all his books, his typewriter and other paraphernalia and loaded them into the car. 그는 모든 책들, 타이프라이터와 그 밖의 자잘한 소지품들을 챙겨 차에 실었다.

고대 그리스에서 신랑은 신부가 가져온 혼인 지참금dowry이나 물품들을 마음대로 처분할 권리가 있었지만, 신부 개인의 소유물로 인정되는 parapherna는 건드릴 수 없었다. para는 "beyond", phero는 "bring"을 뜻하는 바, 결혼 계약에 명시된 것을 넘어서는 소유물이라는 뜻이었다. 이게 변해 오늘날과 같은 뜻을 갖게 되었는데, 법률 용어에서는 여전히 "아내의 소지품"이라는 뜻으로 쓰인다.[1]

parasite
[pǽrəsàit]

기생충, 식객

I think we have more machinery of government than is necessary, too many parasites living on the labour of the industrious. 정부 조직이 너무 비대하다. 열심히 일하는 사람들의 노동에 기생하는 사람들이 너무 많은 것이다.

→ 미국 제3대 대통령 토머스 제퍼슨Thomas Jefferson,

1743~1826의 말이다.

A parasite is the guy who goes through the revolving door on your push. parasite 는 내 힘으로 민 회전문에 끼어 들어오는 사람이다.

➜ 미국 코미디언 에드 윈Ed Wynn, 1886~1966의 말이다.[2] parasite는 그리스어 parasitos에서 나온 말로, para는 "beside", sitos는 "food"를 뜻한다. 음식 옆에 붙어있다는 뜻인데, 주인에게 아첨을 하며 밥을 얻어먹는 식객을 가리키는 말이었다. 오늘날에도 '식객'이라는 뜻으로 쓰이긴 하지만, '기생충'까지 뜻할 정도로 그 의미가 악화되었다 하겠다.[3]

participatory
[pɑːrtísəpətɔ̀ːri]

참여하는, 참가하는

One of the greatest enemies to participatory democracy in our country is the influence of huge special-interest money. 우리나라 참여민주주의의 가장 큰 적敵 중의 하나는 특별 이익집단이 퍼부어대는 어마어마한 양의 돈이 미치는 영향력입니다.

➜ 미국 하원의장을 지낸 낸시 펠로시Nancy Pelosi, 1940~가 민주당 하원 원내총무 시절이던 2002년 미국 공영방송 PBS(Public Broadcasting Service) 인터뷰에서 한 말이다.[4]

passion
[pǽʃən]

열정, 열망, 감정, 흥미

Patience and time do more than strength or passion. 인내와 시간은 힘이나 열정보다 더

많은 걸 해낸다.

→ 프랑스 작가 장 드 라퐁텐Jean de La Fontaine, 1621~1695
의 말이다.

passion은 아픔이라는 의미의 'passio'를 어원으
로 하며, 대문자로 쓴 'The Passion'은 예수의 십
자가 위의 수난을 뜻한다.

passionate
[pǽʃənət]

열정적인, 격렬한

Passionate hatred can give meaning and
purpose to an empty life. 열정적인 증오는
공허한 삶의 의미와 목표를 줄 수 있다.

→ 미국 사회운동가이자 작가인 에릭 호퍼Eric Hoffer,
1902~1983의 말이다.

past
[pæst]

과거, 지나간, 이전의

The older we get the more we seem to
think that everything was better in the
past. 나이를 먹을수록 과거가 더 좋았다고 생
각하는 경향이 있다.

→ 일본 작가 다니자키 준이치로Tanizaki Junichiro, 1886~
1965의 말이다.

Change is the law of life. And those who
look only to the past or present are certain
to miss the future. 변화는 삶의 규칙이다. 과
거나 현재만 바라보는 사람은 미래를 놓친다.

→ 미국 제35대 대통령 존 F. 케네디John F. Kennedy,
1917~1963의 말이다.[5]

path
[pæθ]

길, 경로

Adversity is the first path to truth. 역경은
진실에 이르는 첫 번째 길이다.

➜ 영국 시인 조지 바이런George Gordon Byron, 1788~1824의
말이다.

patience
[péiʃəns]

인내, 참을성, 끈기

Patience is bitter, but its fruit is sweet. 인
내는 쓰지만 그 열매는 달다.

➜ 프랑스의 계몽 사상가 장 자크 루소Jean Jacques
Rousseau, 1712~1778의 말이다.

Patience: A minor form of despair,
disguised as a virtue. 인내: 미덕인 양 꾸민
절망의 일종.

➜ 미국 독설가 앰브로즈 비어스Ambrose Bierce,
1842~1914가 『악마의 사전』에서 내린 정의다.[6]

She had the patience to hear me out. 그녀
는 참을성 있게 내 이야기를 들어 주었다.

hear out은 "~의 말을 끝까지 듣다, 들어 주다"는
뜻이다. Hear me out!(내 말을 끝까지 들어봐!)

patient
[péiʃənt]

인내심이 강한, 잘 견디는, 환자

If I have made any valuable discoveries, it
has been owing more to patient attention,
than to any other talent. 내가 어떤 가치 있
는 발견을 했다면, 그건 재능보다는 인내심 있는
주의 덕분이었다.

➜ 영국 과학자 아이작 뉴턴Issac Newton, 1642~1727의 말

이다.

patriarchy
[péitriὰ:rki]

가부장제

The exercise of power over those who are weaker is the essence of existing patriarchy, as it is the essence of the domination of nonindustrialized nations and of children and adolescents. 약한 사람에게 권력을 휘두르는 것이 지금의 가부장제의 본질이다. 이것은 비산업화된 국가와 청소년에 대한 지배의 본질이기도 하다.

➜ 유대인으로 독일계 미국인 학자인 에리히 프롬 Erich Fromm, 1900~1980이 『소유냐 존재냐To Have or to Be』(1976)에서 한 말이다.[7]

pause
[pɔ:z]

멈춤, 휴식, 중단, 멈추다, 중단하다, 한숨 돌리다

Now and then it's good to pause our pursuit of happiness and just be happy. 이따금 행복을 좇는 걸 멈추고 그냥 행복해 하는 것도 좋지 않은가.

➜ 프랑스 작가 기욤 아폴리네르Guillaume Apollinaire, 1880~1918의 말이다.

persecute
[pə́:rsikjù:t]

박해하다, 고통 받다, 처벌하다

Love your enemies and pray for those who persecute you. 너희의 원수를 사랑하며 너희를 핍박하는 자를 위하여 기도하라.

➜ 신약성서 「마태복음Matthew」 5장 44절에 나오는

말이다.

perseverance
[pə̀:rsəvíərəns]

인내, 불굴의 의지, 끈기

I'm convinced that about half of what separates the successful entrepreneurs from the non-successful ones is pure perseverance. 저는 성공한 기업가들과 성공하지 못한 기업가들을 가르는 기준의 50퍼센트 정도는 순전히 '집요함' 여부에 의해 결정된다는 사실을 확신하고 있습니다.

➔ 애플의 스티브 잡스Steve Jobs, 1955~2011가 1985년 『플레이보이』와의 인터뷰에서 한 말이다.[8]

persistence
[pərsístəns, -ənsi]

고집, 끈질김, 지속

Energy and persistence conquer all things. 정력과 끈기는 모든 걸 정복한다.

➔ 미국 정치가이자 발명가인 벤저민 프랭클린 Benjamin Franklin, 1706~1790의 말이다.

personality
[pə̀:rsənǽləti]

개성

I needed some anonymity to get to know myself, because, for the last five years, it had been about, "You wear these clothes, get this haircut, sing this song." I needed to get my personality back, to find out what I liked and hated. 나는 나 자신을 알기 위해 익명성이 좀 필요했다. 지난 5년간 "이 옷 입어라, 머리는 이렇게 해라, 이 노래 불러라" 등

과 같은 말만 듣고 살았기 때문이다. 나는 내가 무엇을 좋아하고 싫어하는지 알기 위해 내 개성을 되찾는 게 필요했다.

→ 미국의 라틴계 팝스타 리키 마틴Ricky Martin, 1972~이 17세 때인 1989년 12~17세의 5인조 소년 그룹 Menudo를 떠난 뒤 10개월간 은둔생활을 한 것에 대해 설명한 말이다.[9] (참고 character).

perspective
[pərspéktiv]

시각, 관점, 견해, 전망, 원근법

The introduction of perspective in art during the early Renaissance was a revolution in the human conception of space. For the first time, 'man's' gaze turned from the heavens above to the 'landscape' beyond. Perspective places the individual, for the first time, at the center of his world. 르네상스 초기의 미술에 원근법이 도입되면서 인간의 공간 개념에 일대 혁명이 일어났다. 처음으로 '사람'의 시선이 위쪽의 하늘에서부터 멀리 있는 '풍경'으로 옮아갔다. 원근법 덕분에 사람들은 처음으로 자신을 중심으로 세상을 보게 되었다.[10]

→ 미국 문명 비평가 제러미 리프킨Jeremy Rifkin, 1944~의 말이다.

petrified
[pétrəfàid]

아연실색한, 겁먹은, 화석이 된

I call architecture 'petrified music'. 건축은 화석이 된 음악이다.

➜ 독일 시인 요한 볼프강 괴테Johann Wolfgang von Goethe,
1749~1832의 말이다.

physician
[fizíʃən]

의사, 내과의사
Nature is the best physician. 자연은 가장
좋은 의사다.

pinched
[pintʃt]

위축된, 기가 죽은, 울상을 지은 듯한, 야윈
McCain's problem wasn't so much that
he never looked at Obama; it was that he
never looked at the camera. He seemed
pinched, evasive, uncomfortable. Obama,
by contrast, looked at both McCain and
the camera. He addressed the public
directly, seemed utterly confident and
unflappable throughout. 매케인의 문제는
오바마를 쳐다보지 않은 것이라기보다는 카메
라를 전혀 쳐다보지 않았다는 것이다. 그는 위축
됐고 회피적이고 불편해하는 것처럼 보였다. 반
면 오바마는 매케인과 카메라를 응시했다. 그는
공중과 직접 소통했으며 내내 자신감 넘치고 침
착해 보였다.

➜ 『타임』 칼럼니스트 조 클라인Joe Klein, 1946~이 2008
년 10월 13일자 칼럼에서 미국 대통령 후보 매케
인과 오바마의 텔레비전 토론에 대해 내린 관전평
이다.[11]

pioneer
[pàiəníər]

선구자, 창시자

It is not easy to be a pioneer, but oh, it is fascinating! 선구자가 되는 것은 쉽지 않지만, 그것이 황홀한 일인 건 분명하다!

→ 미국 최초의 여의사인 엘리자베스 블랙웰Elizabeth Blackwell, 1821~1910의 말이다.

pirate
[páiərət]

해적, 불법 복제

It's more fun to be a pirate than to join the navy. 해군에 입대하는 것보단 해적이 되는 게 훨씬 재밌다.

→ 애플의 스티브 잡스Steve Jobs, 1955~2011가 1982년 9월 회사 수련회에서 한 말이다.[12]

piss
[pis]

오줌 (누다)

I just won't get into a pissing contest with that skunk. 저는 단지 그 스컹크와 오줌 멀리 누기 경쟁을 하지 않으려고 했을 뿐입니다.

→ 미국 제34대 대통령 드와이트 아이젠하워Dwight D. Eisenhower, 1890~1969의 말이다. 그는 퇴임 후 자신의 재임 시절 공산주의자 사냥 광기를 불러일으킨 조지프 레이먼드 매카시Joseph Raymond McCarthy, 1908~1957 상원의원에 반대하는 공적 역할을 왜 좀더 적극적으로 하지 않았느냐는 질문을 받고 위와 같이 답했다.[13]

pity
[píti]

동정, 연민, 불쌍히 여기다

Better to be envied than pitied. 동정을 받

느니 시기를 받는 게 낫다.

→ 그리스 역사가 헤로도토스Herodotus, B.C. 485~B.C. 425
의 말이다.

Pity is not natural to man. Children and
savages are always cruel. Pity is acquired
and improved by the cultivation of reason.
We may have uneasy sensations from
seeing a creature in distress, without pity;
but we have not pity unless we wish to
relieve him. 연민은 타고나는 게 아니다. 어린
이와 야만인은 늘 잔인하다. 연민은 이성의 계발
에 의해 생겨나고 향상된다. 우리는 연민이 없
더라도 고통에 빠진 사람에 대해 불편한 감정을
느낄 수 없다. 그 사람을 구하려는 마음이 없다
면 우리에겐 연민이 없는 것이다.

→ 영국 작가 새뮤얼 존슨Samuel Johnson, 1709~1784의 말
이다.

plagiarism
[pléidʒərìzm]

표절剽竊

Originality is nothing but judicious
imitation. 창의성은 명민한 모방에 지나지 않
는다.

→ 프랑스 사상가 볼테르Voltaire, 1694~1778의 말이다.

What is originality? Undetected plagiarism.
창의성이란 무엇인가? 발각되지 않은 표절이다.

→ 영국 작가이자 성직자인 윌리엄 잉William Ralph Inge,
1860~1954의 말이다.

When you take stuff from one writer, it's

plagiarism; but when you take it from many writers, it's research. 한 사람의 것을 가져다 쓰면 표절이고 여러 사람의 것을 가져다 쓰면 연구다.

➜ 미국 작가이자 이야기꾼raconteur인 윌슨 미즈너 Wilson Mizner, 1876~1933의 말이다.

planet
[plǽnit]

지구, 행성, 혹성, 유성

We do not have to visit a madhouse to find disordered minds; our planet is the mental institution of the universe. 정신병에 걸린 사람을 보기 위해 정신병원에 갈 필요는 없다. 지구는 우주의 정신병동이다.

➜ 독일 시인 요한 볼프강 괴테Johann Wolfgang von Goethe, 1749~1832의 말이다.

pluck
[plʌk]

뜯다, 잡아 뽑다, 잡아당기다, 담력, 용기

Sin plucks on sin. 죄는 또 죄를 불러 온다.
I admire your pluck. 당신의 용기가 존경스럽다.
plucked는 "용기(담력) 있는", hard-plucked는 "무자비한"이란 뜻이다.

poison
[pɔ́izn]

독, 독약

One man's meat is another man's poison. 갑의 약은 을의 독. 취향은 제각각이다.

porridge
[pɔ́ːridʒ]

포리지, 죽

Keep(Save) your breath to cool your

porridge. 쓸 데 없는 참견하지 말라.

possession
[pəzéʃən]

소유, 재산, 영토

It is preoccupation with possession, more than anything else, that prevents men from living freely and nobly. 인간의 자유롭고 고상한 삶을 방해하는 것은 그 어떤 것보다 소유에 대한 집착이다.

→ 영국 철학자 버트런드 러셀Bertrand Russell, 1872~1970 의 말이다.

precision
[prisíʒən]

정밀, 정확, 꼼꼼함

To speak with precision of public opinion is a task not unlike coming to grips with the Holy Ghost. 여론에 대해 정확히 말한다는 건 성령聖靈을 이해하는 것과 다르지 않은 일이다.[14]

→ 미국 정치학자 V. O. 키V. O. Key, 1908~1963의 말이다.

predicate
[prédəkèit]

단언(단정)하다, 내포(함축)하다, 기초를 두다

The democratic way of life is predicated upon faith in the masses of mankind, yet few of the leaders of democracy really possess faith in the people. If anything, our democratic way of life is permeated by man's fear of man. The powerful few fear the many, and the many distrust one another. 민주적 생활방식은 인간 대중에 대한

223

신뢰에 근거하고 있지만, 인민에 대한 신뢰를 갖고 있는 민주주의 지도자는 매우 드물다. 오히려 우리의 민주적 생활방식은 인간에 대한 인간의 두려움으로 가득 차 있다. 권력을 가진 소수는 다수를 두려워하고, 다수는 상호 불신한다.[15]

→ 미국의 급진적 빈민운동가이자 지역사회 조직가 community organizer인 솔 알린스키Saul Alinsky, 1909~1972의 말이다.

preference
[préfərəns]

선호, 특혜, 우선권, 편애

The news media were showing their bias, but it was not a liberal or a conservative one. It was a preference for the negative. 뉴스 미디어는 편향을 보여주었다. 그러나 그 편향은 리버럴하거나 보수적인 편향이 아니라, 부정적인 것을 선호하는 편향이었다.

→ 미국 하버드대학교 정치학 교수 토머스 패터슨 Thomas E. Patterson의 말이다.[16] (참고 bias).

prejudice
[prédʒudis]

편견, 선입관

Prejudice is the child of ignorance. 편견은 무지의 자식이다.

→ 영국 작가 윌리엄 해즐릿William Hazlitt, 1778~1830의 말이다.

preoccupation
[priàkjupéiʃən]

집착, 심취, 몰두

Preoccupation with an enemy would seem to be a key facet of many structures of beliefs that severely constrain political thought and behavior. 적敵에 대한 집착은 정치적 생각과 행동을 심각하게 제약하는 여러 신념 구조의 한 주요 양상인 것 같다.

➜ 미국 정치학자 머리 에덜먼Murray Edelman, 1919~2001의 말이다.[17]

prerogative
[prirɑ́gətiv]

특권, 특전

A coward is incapable of exhibiting love; it is the prerogative of the brave. 겁쟁이는 사랑을 보여줄 수 없다. 사랑은 용감한 자의 특권이다.

➜ 인도 지도자 마하트마 간디Mahatma Gandhi, 1869~1948의 말이다.

presumption
[prizʌ́mpʃən]

추정, 주제넘음, 건방짐

Ability hits mark where presumption overshoots and diffidence falls short. 능력이란 건방을 떨면 지나치고 자신감이 없으면 못 미치는 과녁을 명중시키는 것이다.

➜ 영국 성직자 존 헨리 뉴먼John Henry Newman, 1801~1890의 말이다.

어떤 것에 대해서 잘 모르면서도 아는 척 추정하는 건 주제넘거나 건방진 짓이다. 이렇게 생각하면 이 단어가 '추정'과 '건방짐'이라는 전혀 다른 두 개의 뜻을 갖는 걸 이해할 수 있겠다. presumption의 반대말에 해당되는 diffidence는 "자신이 없음, 기가 죽음, 수줍음"이란 뜻이다. 뉴먼의 명언을 사자

성어四字成語로 요약하자면, 지나친 것은 미치지 못한 것과 같다는 뜻의 과유불급過猶不及이 아닐까?

prevail
[privéil]

만연하다, 이기다, 설득하다, 팽배하다, 우세하다

The most significant difference between the private domain and the public domain is that in private conflict the strong prevail whereas in the public domain the weak combine for self-defense. 사적 영역과 공적 영역 사이의 가장 중요한 차이는 사적 영역에선 강자가 지배하지만 공적 영역에선 약자가 자기방어를 위해 단결한다는 것이다.

➡ 미국 정치학자 E. E. 샤트슈나이더E. E. Schattschneider, 1892~1971의 말이다.[18]

prevention
[privénʃən]

예방, 방지

Prevention is better than cure. 예방이 치료보다 낫다.

privilege
[prívəlidʒ]

특권, 영광, 혜택

I am old enough to tell the truth. It is one of the privileges of age. 나는 진실을 말할 수 있을 만큼 나이를 먹었다. 나이의 특권 중 하나가 이게 아니겠는가.

➡ 제1차 세계대전에서 육군 장관으로 프랑스를 승리로 이끌었던 프랑스 정치가 조르주 클레망소Georges Clemenceau, 1841~1929가 87세 되던 해에 가진 인터뷰에서 한 말이다.

A people that values its privileges above its principles soon loses both. 원칙보다 특권을 앞세우는 사람은 곧 둘 다 잃는다.

➔ 미국 제34대 대통령 드와이트 아이젠하워Dwight D. Eisenhower, 1890~1969의 말이다.

proactive
[prouǽktɪv]

사전 행동의, 사전 행동에 호소한, 사전 대비한, 예방의

Be Proactive. 이미 일어난 일에 반응하지 말고 미리 앞서서 주도적인 삶을 살라.

➔ 미국의 성공학 전도사 스티븐 코비Stephen R. Covey, 1932~2012의 아들인 숀 코비Sean Covey가 『성공하는 10대들의 7가지 습관』(1999)에서 '7가지 습관'의 첫 번째로 한 말이다.[19]

proactive는 reactive(반응, 반작용을 보이는)의 반대말로, 1933년부터 심리학에서 쓰이기 시작했다. 둘 다 active(활동적인, 활발한)에서 나온 말이다.[20]

procrastination
[proukrǽstənéiʃən]

지연, 지체, 미루는 버릇

Procrastination is the seed of self-destruction. 일을 질질 끄는 게으름은 자멸의 씨앗이다.

Procrastination is the thief of time. 지연은 시간의 도둑이다.

➔ 영국 시인 에드워드 영Edward Young, 1683~1765의 말이다.

profession
[prəféʃən]

전문직, 전문직 종사자

The profession really exists for the sake of the professionals. Specifically this means that law exists for the sake of lawyers; medicine for the convenience, maintenance and enlightenment of doctors; universities for the sake of professors, etc. 전문직은 전문직업인들 자신을 위해 존재한다. 법은 법률가들을 위해, 의술은 의사들을 위해, 대학은 대학교수들을 위해 존재하는 것이다.[21]

➔ 미국 역사가 대니얼 부어스틴Daniel J. Boorstin, 1914~2004의 말이다.

progress
[prɑ́gres, próu-]

진보, 진전, 발전, 진척

Honest differences are often a healthy sign of progress. 정직한 차이는 자주 진보의 건강한 징후다.

➔ 인도의 지도자 마하트마 간디Mahatma Gandhi, 1869~1948의 말이다.

prompt
[prampt]

신속한, 촉발하다, 촉구하다

Deliberate in counsel, prompt in action. 숙려단행熟慮斷行. 숙려단행은 충분히 생각한 뒤에 과감하게 실행한다는 뜻이다. (참고 deliberate).

proof
[pru:f]

증거, 증명, 입증

The voice of the majority is no proof of

justice. 다수의 목소리가 정의의 증거는 아니다.

→ 독일 시인 요한 실러Johann von Schiller, 1759~1805의 말이다.

propaganda
[pràpəgǽndə]

선전

Propaganda replaces moral philosophy. 선전이 도덕적 철학을 대체한다.

→ 미국 정치학자 한스 모건도Hans J. Morgenthau, 1904~1980의 말이다.

American sociologists scientifically try to play down the effectiveness of propaganda because they cannot accept the idea that the individual—that cornerstone of democracy—can be so fragile; and because they retain their ultimate trust in man. 미국의 사회학자들은 과학적으로 선전의 유효성을 과소평가하려고 애쓴다. 민주주의의 초석인 개인이 그렇게 연약하다는 걸 받아들일 수 없기 때문이다. 또 인간에 대해 궁극적인 신뢰를 갖고 있기 때문이다.[22]

→ 프랑스의 신학자이자 철학자인 자크 엘륄Jacques Ellul, 1912~1994의 말이다.

propagandist
[pràpəgǽndist]

선전가, 선전자

A propagandist is a specialist in selling attitudes and opinions. 선전가는 태도와 의견을 판매하는 전문가다.

propinquity
[proupíŋkwəti]

근접, 근친, 가까움

Love lives on propinquity, but dies on contact. 사랑은 근접 관계를 먹고 살지만 접촉 관계에선 죽는다.

→ 영국 작가 토머스 하디Thomas Hardy, 1840~1928의 말이다.

propinquity는 '가까움nearness'을 뜻하는 라틴어 propinquitas에서 나온 말이며, 사회심리학에선 가까운 사람들일수록 우정이나 애정 관계를 맺는 경향을 가리켜 propinquity effect라고 한다.[23] live one은 "~을 먹고 살다"는 뜻이다. We live on rice(우리는 쌀을 주식으로 한다).

proposition
[pràpəzíʃən]

제안, 주장, 명제, 프로포지션

Democracy is based on the concept that man is rational and capable of seeing clearly what is in his own interest; but the study of public opinion suggests this is a highly doubtful proposition. 민주주의는 인간은 합리적이며 무엇이 자신의 이익인지를 명료하게 볼 수 있는 능력을 갖고 있다는 개념에 근거하고 있지만, 여론조사 연구결과는 이것이 매우 의심스러운 명제라는 걸 시사해주고 있다.

→ 프랑스의 신학자이자 철학자인 자크 엘륄Jacques Ellul, 1912~1994의 말이다.[24]

profundity
[prəfʌndəti]

깊음, 심오함, 난해함, 격심함

Profundity of thought belongs to youth,

clarity of thought to old age. 사상의 심오함
은 젊음, 사상의 명료함은 늙음에 속한다.

➔ 독일 철학자 니체Friedrich Wilhelm Nietzsche, 1844~1900
의 말이다.

prosaic
[prouzéiik]

지루한, 평범한, 상상력이 없는

Nothing remarkable was ever accom-
plished in a prosaic mood. 획기적인 것은 단
조로운 분위기에서는 절대 일어나지 않는다.

➔ 미국의 초월주의 작가 헨리 데이비드 소로Henry
David Thoreau, 1817~1862의 말이다.[25]

prosperity
[praspérəti]

번영, 번창

Industry is the soul of business and the
keystone of prosperity. 근면은 사업의 생명이
며 번영의 초석이다.

➔ 영국 작가 찰스 디킨스Charles Dickens, 1812~1870의 말
이다.

proverb
[prɑ́vəːrb]

속담

Proverbs are the wisdom of the streets. 속
담은 거리의 지혜다.

providence
[prɑ́vədəns]

(신의) 섭리

Our whole history appears like a last
effort of the Divine Providence in behalf of
the human race. 우리의 역사 전체는 인류를
위한 신의 섭리의 마지막 노력과도 같다.

→ 19세기 미국 지식인의 원형이 된 철학자 랠프 월
도 에머슨Ralph Waldo Emerson, 1803~1882의 말이다.[26]

provoke
[prəvóuk]

**자극하다, 유발하다, 촉발시키다, 일으키다, 도발
하다**

Despair is a greater sin than any of the
sins which provoke it. 절망은 그것을 낳게 한
그 어떤 죄악보다 더 큰 죄악이다.

→ 영국 작가 C. S. 루이스C. S. Lewis, 1890~1960의 말이다.

Any community with only one dominant
power is always a dangerous one and
provokes reactions. 단일 지배세력이 존재하
는 곳은 늘 위험하며 반발을 부르게 된다.

→ 1995년에서 2007년까지 프랑스 대통령을 지낸 자
크 시라크Jacques Chirac, 1932~가 미국 패권주의를 염
두에 두고 한 말이다.[27]

prudence
[prú:dns]

신중, 현명함, 조심성

Prudence is an attitude that keeps life
safe, but does not often make it happy. 신
중은 삶을 안전하게 지켜주는 태도이지만, 행복
하게 만들어주진 못하는 경우가 많다.

→ 영국 작가 새뮤얼 존슨Samuel Johnson, 1709~1784의 말
이다.

pupil
[pjú:pl]

학생, 제자, 동공, 눈동자

The mind of a bigot is like the pupil of the
eye; the more light you pour upon it, the

more it will contract. 고집불통의 정신 상태는 눈동자와 같다. 빛을 받을수록 수축하기 때문이다.

➡ 미국 대법관을 지낸 올리버 웬들 홈스Oliver Wendell Holmes, 1841~1935의 말이다.

왜 pupil은 "학생"과 "눈동자"라는 전혀 어울리지 않는 두 개의 뜻을 갖고 있는 걸까? 둘 사이에 무슨 관계가 있는 걸까? 이 단어가 라틴어 pupilla에서 유래된 것에서 그 답을 찾을 수 있겠다. pupilla는 "어린 소녀, 작은 인형"을 뜻했는데, 눈동자에 비치는 바깥 세계의 이미지도 매우 작다는 이유로 눈동자라는 뜻까지 갖게 된 것이다.[28]

purgatory
[pə́:rgətɔ̀:ri]

연옥

Marriage is neither heaven nor hell; it is simply purgatory. 결혼은 천국도 지옥도 아니다. 그것은 연옥이다.

➡ 미국 제16대 대통령 에이브러햄 링컨Abraham Lincoln, 1809~1865의 말이다.

pursuit
[pərsú:t]

추구, 추격, 쫓음

Happiness is not achieved by the conscious pursuit of happiness; it is generally the by-product of other activities. 행복은 의식적인 노력에 의해 성취되는 게 아니라, 일반적으로 다른 활동들의 부산물이다.

➡ 영국 작가 올더스 헉슬리Aldous Huxley, 1894~1963의 말이다.

qualify
[kwάləfài]

자격이 있다, 자격을 얻다, 자격을 주다

In the course of his 16-year career with the Yankees, Joe DiMaggio hit 361 home runs, had a lifetime batting average of .325, and hit safely in 56 consecutive games. Which of these accomplishments qualifies him as an authority on coffee makers? 조 디마지오는 16년 동안 양키스에서 활약하며 361개의 홈런을 기록했고, 통산 타율 3할2푼5리, 56경기 연속 안타 등의 기록을 세웠다. 이러한 성적이 커피 메이커의 성능과 무슨 관계가 있는 것일까?

➔ 조 디마지오가 나오는 '미스터 커피' 광고에 대해 『매드 잡지MAD Magazine』가 제기한 의문이다.[1]

quintessence

[kwintésns]

본질, 정수精髓, 진수眞髓, (무엇의 완벽한) 전형

It was the quintessence of an English manor house. 그것은 영국식 영주 주택의 전형이었다.

→ 고대 그리스 철학자들은 모든 물질이 땅, 바람, 물, 불이라는 4가지 원소elements, essences로 구성되어 있다고 믿었는데, 피타고라스Pythagoras, B.C. 570~B.C. 495는 제5의 원소가 있다며 그걸 에테르ether라고 했다. 에테르가 가장 중요한 원소로 여겨지면서 '5번째 원소quintessence'라는 말이 위와 같은 뜻을 갖게 되었다. quintuple은 '5배', quintet(quintette)는 "5중주, 5중창, 5인조, 농구팀"이란 뜻이다.[2]

quintessential

[kwintəsénʃəl]

본질적인, 전형적인, 정수의

She will do anything, say anything, mock anything, degrade anything to draw attention to herself and make a buck. She is the quintessential symbol of the age; self-indulgent, sacrilegious, shameless, hollow. 그녀는 관심을 끌고 돈을 벌기 위해서라면 무엇이든 하고, 무엇이든 말하고, 무엇이든 조롱하고, 무엇이든 천박하게 만들 것이다. 그녀는 자기중심주의, 신성모독, 후안무치厚顏無恥, 공허 등으로 얼룩진 시대의 전형적인 상징이다.

→ 미국 『뉴욕포스트』 칼럼니스트 레이 케리슨Ray Kerrison이 가수 마돈나Madonna에 대해 퍼부은 독설이다.[3]

quit
[kwit]

그만두다, 끊다, 포기하다

A man is not finished when he is defeated.
He is finished when he quits. 패배했을 때
끝나는 것이 아니라 포기했을 때 끝나는 것이다.

➜ 미국 제37대 대통령 리처드 닉슨Richard M. Nixon,
1913~1994의 말이다.

rage
[reidʒ]

분노, 화를 내다, 대유행, 격렬, 맹위

I gasped with rage. 나는 심한 분노로 숨도 못
쉴 정도였다. (참고 gasp).

rally
[rǽli]

시위하다, 집회, 모이다, 회복하다, 반등하다

To show we still love our team, let's rally
round the flag, even if they lose. 우리가 우
리 팀을 여전히 사랑한다는 것을 보여주기 위해
설사 우리 팀이 진다고 해도 지지를 위해 함께
모이자.

rally round the flag는 "(특히 어려울 때에) 지지를
위해 함께 모이다"는 뜻이다. 1815년 미-영 전쟁
(1812~1815) 시 앤드루 잭슨Andrew Jackson, 1767~1845
장군이 뉴올리언스전투the Battle of New Orleans에서
최초로 사용한 말이다. 깃발, 즉 성조기를 중심으
로 모여 영국군을 무찌르자는 것이다. 잭슨은 이

전쟁에서 영웅이 되어 나중에 제7대 대통령이 될 수 있었다.[1]

rank
[ræŋk]

지위, 계급, (등급 · 등위 · 순위를) 매기다

For good or ill, America is what it is— a culture in its own right, with many characteristic lines of power and meaning of its own, ranking with Greece and Rome as one of the great distinctive civilizations of history. 좋건 나쁘건 미국은 미국이다. 미국은 여러 특징적인 권력의 모습과 그 자체의 의미를 갖고 있는 독립적인 문화권이다. 인류역사의 위대한 문명 중 하나로서 그리스 및 로마와 견줄 수 있는 문화다.

➔ 미국 저널리스트이자 사회학자인 막스 러너Max Lerner, 1902~1992의 말이다.[2]

rapture
[ræptʃər]

황홀감, 무아지경

My rapture was so intense that I could scarcely believe my sense. 너무도 황홀해 나는 꿈이 아닌가 하고 기뻐했다.
Looking at a beautiful sunset gives me a feeling of rapture. 아름다운 일몰을 보면 나는 강한 환희를 느낀다.[3]

rascal
[ræskl]

악한, 악당, 불량배

Throw the rascals out! 악당들을 몰아내자!

➔ 1990년 미국의 시민운동 단체들이 선거직 고위 공

직자들의 임기제한 운동을 전국적으로 전개하면서
내건 슬로건이다. 미국의 1990년 중간선거에서 현
역 상·하의원의 재당선율은 무려 96퍼센트에 달
했는데, 이들에 대한 강한 불신 때문에 빚어진 일
이었다. 이 운동에 힘입어 캘리포니아 주의 유권자
들은 주 하원의원 임기를 6년, 주 상원의원과 선거
직 관리 임기를 8년으로 각각 제한하는 안을 통과
시켰고 콜로라도 주의 유권자들은 이들의 임기를
똑같이 8년으로 제한하는 안을 압도적 다수로 통
과시켰다. 또 캔자스시의 유권자들은 시의원 임기
를 8년으로 제한하는 안을 통과시켰다.[4]

rascality
[ræskǽləti]

파렴치, 비열, 악당 근성
Self-denial is not a virtue, it is only the
effect of prudence on rascality. 자제는 미덕
이 아니다. 그것은 단지 악행에 대한 신중의 효
과일 뿐이다.
→ 영국 작가 조지 버나드 쇼George Bernard Shaw, 1856~
1950의 말이다.

rationalize
[rǽʃənəlàiz]

**~을 합리적으로 설명하다, 합리화하다, 도리에 맞
추다**
Happiness is a mystery like religion, and
it should never be rationalized. 행복은 종
교처럼 미스터리이므로, 합리적으로 설명하려고
해선 안 된다.
→ 영국 작가 G. K. 체스터턴G. K. Chesterton, 1874~1936의
말이다.

rebellion
[ribéljən]

반란, 반항, 폭동, 반역

It doesn't take a majority to make a rebellion; it takes only a few determined leaders and a sound cause. 반란을 일으키는 데엔 다수가 필요한 게 아니다. 몇몇 소신 있는 지도자들과 정당한 명분이면 족하다.

➔ 미국의 저널리스트 독설가로 유명한 헨리 루이 멩켄Henry Louis Mencken, 1880~1956의 말이다.

recognition
[rèkəgníʃən]

인정, 인식, 승인

The struggle for recognition is the motor that drives human history. 인정을 받기 위한 투쟁은 인류 역사를 이끌어 온 원동력이다.

➔ 미국 국제관계 정치학자 프랜시스 후쿠야마Francis Fukuyama의 말이다.[5]

reckoning
[rékəniŋ]

계산, 결산, 예측, 가망

Never think that you're not good enough yourself. A man should never think that. People will take you very much at your own reckoning. 당신이 부족하다고 생각하지 말라. 그렇게 생각해선 안 된다. 사람들은 당신의 그런 평가를 매우 중요하게 받아들이기 때문이다.

➔ 영국 소설가 앤서니 트롤럽Anthony Trollope, 1815~1882의 말이다.

recurrent
[rikə́:rənt]

재발하는, 빈발하는, 주기적으로 일어나는

Democracy is the recurrent suspicion that more than half of the people are right more than half of the time. 민주주의는 과반의 사람들이 과반의 경우에 옳다는 데 대해 반복되는 의혹이다.

➔ 미국 작가 E. B. 화이트E. B. White, 1899~1985의 말이다.

reed
[riːd]

갈대

Man is no more than a reed, the weakest in nature. But he is a thinking reed. 인간은 자연에서 가장 약한 갈대에 지나지 않지만, 생각하는 갈대다.

➔ 프랑스 사상가 블레즈 파스칼Blaise Pascal, 1623~1662의 말이다.

refine
[rifáin]

정제하다, 다듬다, 개선하다, 순화하다

Crises refine life. In them you discover what you are. 위기가 삶을 다듬는다. 위기 속에서 자기 자신을 발견하게 된다.

refinement
[rifáinmənt]

세련, 정제, 순화, 극치

False modesty is the refinement of vanity. It is a lie. 거짓 겸손은 허영의 극치다. 거짓말이다.

➔ 프랑스 작가 장 드 라브뤼예르Jean de La Bruyére, 1645~1696의 말이다.

a refinement of cruelty는 "용의주도한 잔학 행위"

란 뜻이다.

reform
[rifɔ́:rm]

개혁, 개선, 개량(하다)

The church is always trying to get other people to reform, it might not be a bad idea to reform itself a little, by way of example. 교회는 항상 남을 개선하려 하는데 스스로 본을 보여 개선하는 것이 나을 것이다.

➔ 미국 작가 마크 트웨인Mark Twain, 1835~1910의 말이다.[6]

refuge
[réfju:dʒ]

피난처, 도피처, 은신처

Ambition is the last refuge of failure. 야망은 실패의 최후의 도피처다.

➔ 영국 작가 오스카 와일드Oscar Wilde, 1854~1900의 말이다.

refuse
[rifjú:z]

거부하다, 거절하다

A writer must refuse to allow himself to be transformed into an institution. 작가는 스스로 제도에 편입해 구속되는 것을 거부해야 한다.

➔ 프랑스 철학자 장 폴 사르트르Jean-Paul Charles Aymard Sartre, 1905~1980의 말이다.

refute
[rifjú:t]

반박하다, ~을 논파하다, 잘못을 증명하다

Silence is one of the hardest arguments to refute. 침묵은 반박이 가장 어려운 논법 중의 하나다.

regret
[rigrét]

후회, 후회하다, 유감, 유감으로 생각하다

I regret saying some things I shouldn't have said, like "Dead or alive" or "Bring'em on". 나는 "죽여서든 살려서든dead or alive"이나 "한판 붙자bring'em on" 등 대통령으로서 하지 말았어야 할 말을 한 데 대해 후회하고 있다.

➜ 미국 대통령 조지 부시George W. Bush, 1946~가 미국 대선(11월 4일) 이후 처음으로 2008년 11월 11일 CNN방송과 한 인터뷰에서 한 말이다. 그는 2001년 9·11 테러 직후 알카에다 지도자 오사마 빈라덴을 "죽여서든 살려서든 잡아 오라"고 말했으며, 또 2003년 이라크에서 미군의 희생이 늘어나자 이라크 반군을 향해 "한판 붙자"고 말해 물의를 빚은 바 있다.[7]

reject
[ridʒékt]

거부하다, 거절하다, 기각하다, 부인하다

When thought is too weak to be simply expressed, it's clear proof that it should be rejected. 아이디어가 너무 약해서 단순하게 표현할 수 없다면, 그것은 그 아이디어를 퇴짜 놓아야 할 명백한 증거다.

➜ 프랑스 작가 뤽 드 클라피에르 보브나르그Luc de Clapiers de Vauvenargues, 1715~1747의 말이다.

relativity
[rèlətívəti]

상대성, 상대성 원리, 관련성

When a man sits with a pretty girl for an hour, it seems like a minute. But let him sit on a hot stove for a minute, and it's longer than any hour. That's relativity. 남자는 예쁜 소녀와 한 시간 동안 앉아있어도 단 1분처럼 느끼나, 뜨거운 난로 위에는 단 1분을 앉아 있어도 한 시간보다 훨씬 더 길게 느낄 것이다. 그것이 상대성의 원리이다.

→ 세계적인 물리학자 알베르트 아인슈타인Albert Einstein, 1879~1955의 말이다.[8]

relentless
[riléntlis]

사정없는, 가혹한, 몹시 엄격한

Americanization in its widest sense, including the societal and political, means the uninterrupted, exclusive, and relentless striving after gain, riches and influence. 사회정치적 의미까지 포함하는 넓은 맥락에서 봤을 때, 미국화는 더 많은 것을 획득하고 부를 추구하며 더 많은 영향력을 행사하려는 목적으로 계속되는 독단적이고 무자비한 노력을 의미한다.

→ 미국의 영향력을 두려워 한 독일인 파울 덴스Paul Dehns가 1904년에 쓴 글에서 한 말이다.[9]

repent
[ripént]

뉘우치다, 후회하다

Some persons do first, think afterward, and then repent forever. 어떤 사람들은 일부터 저지르고 생각은 나중에 함으로써 평생 후회한다.

→ 영국 성직자 토머스 세커Thomas Secker, 1693~1768의 말이다.

We never repent of having eaten too little.
적게 먹으면 후회할 일이 없다.

➔ 미국 제3대 대통령(1801~1809년) 토머스 제퍼슨
Thomas Jefferson, 1743~1826의 말이다.

repentance
[ripéntəns]

후회, 양심의 가책, 참회

Repentance is the virtue of fools. 후회는 바보들의 미덕이다.

The end of passion is the beginning of repentance. 열정의 끝은 후회의 시작이다.

resign
[rizáin]

사임하다, 사퇴하다, 물러나다

Design, or resign. 디자인하라, 아니면 사직하라.

➔ 1979년 영국 총리에 취임한 마거릿 대처Margaret Thatcher, 1925~2013가 디자인의 중요성을 역설하면서 한 말이다.

resignation
[rèzignéiʃən]

사퇴, 사임, 포기, 체념

The mass of men lead lives of quiet desperation. What is called resignation is confirmed desperation. 수많은 사람들이 조용한 절망의 삶을 살고 있다. 이른바 포기라는 것은 고질적인 절망이다.

➔ 미국의 초월주의 작가 헨리 데이비드 소로Henry David Thoreau, 1817~1862의 말이다.

resist
[rizíst]

저항하다, 반대하다, 참다, 저지하다

Good habits result from resisting

temptation. 좋은 습관은 유혹을 이겨내는 것에서 생겨난다.

resistance
[rizístəns]

저항, 반대, 내성, 저지, 레지스탕스

The open resistance of African colonials to continued rule by the European powers brought a more autonomous personality into being. 유럽 국가들의 오랜 식민 지배에 대한 아프리카인들의 공개적 저항은 아프리카인들이 더욱 자율적인 성격을 갖게 만들었다.

→ 아프리카의 혁명 투사 프란츠 파농Frantz Fanon, 1925~1961의 말이다.[10]

resolve
[rizάlv]

결심(하다), 결의(하다), 해결(하다), 용해하다

Perhaps the true mark of a leader is that she or he is willing to stand alone. Leaders must have not only vision and communication skills but also tremendous personal resolve. 지도자의 진정한 자질은 홀로 설 수 있느냐의 여부에 달려 있다. 지도자는 모름지기 비전과 커뮤니케이션 능력뿐만 아니라 굳은 결의를 갖춰야 한다.

→ 미국의 리더십 전문가 로리 베스 존스Laurie Beth Jones의 말이다.[11]

respect
[rispékt]

존중(하다), 존경(하다)

A common cause of failure in organizational campaigns is to be found in a lack of real respect for the dignity of the people. Some organizers may feel inwardly superior to the people with whom they are working······People cannot be constantly fooled······An organizer who really likes people will instinctively respect them. He will not treat adults as children. 조직적 캠페인이 실패하는 주요 이유는 인간의 존엄에 대한 진정한 존경의 결여에 있다. 일부 조직가들은 내심 지역사회 주민들보다 자신이 우월하다고 느낄지도 모르겠다.······주민들이 늘 속을 수는 없는 법이다.······주민을 정말 좋아하는 조직가들은 그들을 본능적으로 존경한다. 그래서 성인을 어린애처럼 대하지 않는다.

➡ 미국의 급진적 빈민운동가이자 지역사회 조직가 community organizer인 솔 알린스키Saul Alinsky, 1909~1972의 말이다.[12]

rest
[rest]

나머지, 쉬다, 휴식, 안심, 죽다
Without haste, but without rest. 서둘지도 쉬지도 말라.

➡ 독일 시인 요한 볼프강 괴테Johann Wolfgang von Goethe, 1749~1832의 말이다.

restless
[réstlis]

불안한, 가만히 있지 않는, 들떠있는
Restless and discontent are the necessities of progress. 들떠있는 것과 불만은 진보의 필수품이다.

247

→ 미국의 발명왕 토머스 에디슨Thomas A. Edison, 1847~ 1931의 말이다.

retribution
[rètrəbjúːʃən]

보복, 응보, 앙갚음, 징벌

Disease is the retribution of outraged Nature. 병은 분노한 자연의 보복이다.

미국 신학자 호제아 벌로Hosea Ballou, 1771~1852의 말이다.

the day of retribution은 "최후의 심판일", just retribution of a crime은 "인과응보因果應報"다.

retract
[ritrǽkt]

철회하다, 취소하다, 원위치에 되돌리다

Those who never retract their opinions love themselves more than they love truth. 의견을 바꾸는 법이 없는 사람은 진실보다는 자기 자신을 더 사랑하는 셈이다.

→ 프랑스 작가 조제프 주베르Joseph Joubert, 1754~1824의 말이다.

revenge
[rivéndʒ]

복수, 보복

In taking revenge, a man is but even with his enemy but in passing it over, he is superior. 복수를 하면 적과 대등해지지만 그것을 눈감아주면 자신이 이기는 것이다.

→ 영국 철학자 프랜시스 베이컨Francis Bacon, 1561~1626의 말이다.[13]

reverie
[révəri]

몽상, 공상, 환상, 백일몽

Do anything rather than give yourself to reverie. 몽상에 빠지느니 아무 일이라도 하라.

➔ 미국 신학자 윌리엄 엘러리 채닝William Ellery Channing, 1780~1842의 말이다.

revolt
[rivóult]

반란, 저항, 반감

All art is a revolt against man's fate. 모든 예술은 인간의 숙명에 대한 반란이다.

➔ 프랑스 소설가이자 정치가인 앙드레 말로Andre Georges Malraux, 1901~1976의 말이다.

ridicule
[rídikjùːl]

조롱(하다), 조소(하다), 놀리다

Ridicule is the first and last arguments of fools. 조롱은 바보들의 처음이자 마지막 논법이다.

Ridicule is the language of the devil. 조소는 악마의 언어다.

➔ 영국 역사가 토머스 칼라일Thomas Carlyle, 1795~1881의 말이다.

rile
[rail]

화나게 하다, 짜증나게 하다, (물 따위를) 휘저어서 흐리게 하다

If, perhaps, life should deceive you, be not gloomy, be not riled! To sad days be reconciled; Days of gladness, trust, are near you. In the future the heart lasts, And the present is not cheering: All's but a moment, all will pass; What has passed will be endearing. 생활이 그대를 속일지라도 슬퍼하거나 노하지 말라. 절망의 날을 참고 견디면 기쁨의 날은 반드시 오리라. 현재는 언제나 슬프고 마음은 미래에 사는 것. 모든 것은 순식간에 지나가고 지난 것은 모두 그리워진다.

→ 러시아 시인 푸시킨Alexander Pushkin, 1799~1837의 〈생활이 그대를 속일지라도If life deceives you〉라는 시詩다.[14]

roaring
[rɔ́ːriŋ]

번창한, 활기찬, 포효하는

Americans once saved about 15% of their income. By the roaring '80s the rate was 4%; now the numbers are negative. 미국인들은 한때 소득의 15퍼센트를 저축했지만, 번창했던 1980년대에 4퍼센트로 떨어졌고, 이젠 마이너스가 되었다.

→ 『타임』 칼럼니스트 낸시 기브스Nancy Gibbs가 2008년 10월 13일자 칼럼에서 절약 정신이 사라진 걸 개탄하면서 한 말이다.

rod
[rad]

막대기, 매, 낚싯대

He who spares the rod hates his son, but he who loves him is careful to discipline him. 초달. 楚撻 · 회초리로 종아리를 때림)을 차마 못하는 자는 그 자식을 미워함이라, 자식을 사랑하는 자는 근실히 징계하느니라.[15]

→ 구약성서 「잠언Proverbs」 13장 24절에 나오는 말이다.

Spare the rod and spoil the child. 매를 아끼면 자식을 망친다. 귀한 자식 매로 키워라.
I'm glad I wasn't brought up in the old days when "spare the rod and spoil the child" was acceptable. "매를 아끼면 자식을 망친다"는 말이 받아들여지던 시절에 태어나지 않은 것이 기쁘다.[16]

rudeness
[rúːdnis]

무례함, 거침, 상스러움
Rudeness is the weak man's imitation of strength. 무례함은 약자가 강함을 흉내 내는 것이다.
➜ 미국 작가 에릭 호퍼Eric Hoffer, 1902~1983의 말이다.

ruin
[rúːin]

망치다, 파멸, 유적, 폐허
The first half of our lives is ruined by our parents and the second half by our children. 우리 인생의 절반은 부모에 의해, 나머지 절반은 자식에 의해 망가진다.
➜ 미국 법률가 클래런스 대로Clarence Darrow, 1857~1938의 말이다.

rust
[rʌst]

녹, 녹슬다, 부식하다, 쓸모없다
It is better to wear out than to rust out. 묵혀 없애느니 써서 없애는 편이 낫다.
➜ 영국 철학자 리처드 컴벌랜드Richard Cumberland, 1631~1718의 말이다.

S

sacrament
[sǽkrəmənt]

성사聖事, 성찬聖餐, 성례聖禮

If men could get pregnant, abortion would be a sacrament. 만약 남자가 임신을 할 수 있다면, 낙태는 성례가 될 것이다.

→ 미국 페미니즘 운동가 플로린스 케네디Florynce Kennedy, 1916~2000의 말이다.

sail
[seil]

항해, 배, 돛, 출항하다

He that will not sail till all dangers are over must never put to sea. 모든 위험이 사라질 때까지 항해를 하지 않는 사람은 결코 바다로 나아갈 수 없다.

→ 영국 역사가 토머스 풀러Thomas Fuller, 1608~1661의 말이다.

satin
[sǽtn]

(비단, 나일론 등의) 견수자絹繻子, 공단(의), 부드러운

Silks and satins put out the fire in the kitchen. 옷 사치가 심하면 끼니가 없다.

be dressed in silks and sations는 "사치스런 옷 차림을 하고 있다"는 뜻이다.[1]

saunter
[sɔ́:ntər]

어슬렁거리며 돌아다니다, 어슬렁거리기

It is great art to saunter. 산책은 위대한 예술이다.

➔ 미국의 초월주의 작가 헨리 데이비드 소로Henry David Thoreau, 1817~1862의 말이다.

savvy
[sǽvi]

(실용적인) 지식, 상식, 요령, 알다, 이해하다, 정통한

That doesn't mean he is any less media savvy. 그게 그가 대중매체에 대해 잘 모른다는 뜻은 아냐.

Savvy people don't watch the commercials. 상식이 있는 사람들은 그 상업광고들을 보지 않는다.

They're so savvy about climate change. 저 사람들은 기후 변화에 대한 것을 많이 알고 있다.

But some people are not very tech savvy. 하지만 일부 사람들은 테크놀로지에 상당히 능숙하지 못하다.

Savvy? No savvy. 알겠느냐? 모르겠다.

political savvy는 "정치적인 상식", demonstrate savvy는 "지식을 드러내다"는 뜻이다.[2]

scaffold
[skǽfəld]

비계(를 설치하다), (the~) 처형대, 교수대

I feel like the fellow in jail who is watching his own scaffold being built. 자기 교수대가 세워지는 것을 바라보는 수인 같은 느낌이 들었습니다.

→ 미국 제34대 대통령 드와이트 아이젠하워Dwight D. Eisenhower, 1890~1969가 퇴임 직전 백악관 앞에 후임자 취임식을 위한 관람석이 세워지는 것을 바라보면서 한 말이다.[3]

scavenger
[skǽvindʒər]

썩은 고기를 먹는 동물, 쓰레기를 뒤지는 사람, 도로청소부

I would sooner turn scavenger and earn my living by clearing away the filth of the streets than plunge into this bottomless filth of faction. 나는 밑바닥을 모르는 당파주의의 쓰레기 속으로 뛰어들기보다는 청소부가 되어 거리의 오물을 쓸어내며 살아가겠습니다.

→ 당파 정치를 혐오했던 미국 제6대 대통령 존 퀸시 애덤스John Quincy Adams, 1767~1848의 말이다.[4]

scoff
[skɔːf]

비웃음, 비웃다, 조롱(하다)

Scoff not at the natural defects of any which are not in their power to amend. It is cruel to beat a cripple with his own crutches! 자신의 힘으로 교정할 수 없는 선천적 결함을 비웃지 말라. 지체 장애인을 그의 목발로 때리는 것은 잔인하지 않은가!

→ 영국의 성직자이자 작가인 토머스 풀러Thomas Fuller, 1608~1661의 말이다.

scorn
[skɔːrn]

경멸, 멸시, 냉소(하다)

Silence is the most perfect expression of scorn. 침묵은 경멸의 가장 완벽한 표현이다.

→ 영국 작가 조지 버나드 쇼George Bernard Shaw, 1856~1950의 말이다.

scurrility
[skə́rílə́ti]

상스러움, 입이 더러움, 상스러운 비난

Conversation should be pleasant without scurrility, witty without affection, free without indecency, learned without conceitedness, novel without falsehood. 대화는 상스럽지 않게 즐거워야 하고 감정 없이 재치가 있어야 하며 추잡하지 않게 자유로워야 하고 교만하지 않게 교양이 있어야 하며 거짓 없이 신선해야 한다.

→ 윌리엄 셰익스피어William Shakespeare, 1564~1616의 말이다.[5]

secure
[sikjúər]

확보하다, 안전한, 보장하다, 확신하는, 지키다

Consider the postage stamp, my son. It secures success through its ability to stick to one thing till it gets there. 아들아 우표를 보거라. 우표는 목적지에 도달할 때까지 한 곳에 계속 들러붙는 능력으로 성공을 이뤄낸다는 걸 명심하거라.

> 조시 빌링스Josh Billings라는 필명으로 활동한 미국
> 의 유머리스트humorist 헨리 휠러 쇼Henry Wheeler
> Shaw, 1818~1885의 말이다.

security
[sikjúərəti]

안보, 보안, 증권, 안전, 보장, 방심
Security is the greatest enemy. 방심은 금물
이다.

seize
[siːz]

잡다, 장악하다, 빼앗다, 포착하다, 체포하다
Why not seize the pleasure at once?
How often is happiness destroyed by
preparation, foolish preparation! 왜 행복을
즉각 움켜쥐지 않는가? 준비, 그 어리석은 준비
때문에 파괴되는 행복이 얼마나 많은가!

> 영국 소설가 제인 오스틴Jane Austen, 1775~1817의 말
> 이다.

self-interest
[selfíntərəst, –tərèst]

이기심, 자신의 이익, 사리사욕私利私慾
There is a great difference between the
world as it is and the world as we would
like it to be.······In the world as it is, man
moves primarily because of self-interest.
In the world as it is, the right things
are usually done for the wrong reasons,
and vice versa.······In the world as it is,
"compromise" is not an ugly but a noble
word.······In the world as it is, what you
call morality is to a significant degree a

rationalization of the position you occupy in the power pattern at a particular time. 있는 그대로의 세상과 우리가 원하는 세상 사이엔 큰 차이가 있다.……있는 그대로의 세상에서 사람은 주로 이기심 때문에 행동한다. 있는 그대로의 세상에서 옳은 일은 나쁜 이유 때문에 행해지며, 나쁜 일은 좋은 이유 때문에 행해진다.……있는 그대로의 세상에서 '타협'은 추한 단어가 아니라 고상한 단어다.……있는 그대로의 세상에서 이른바 도덕성은 대부분 특정 시점의 권력 관계에서 자신이 점하고 있는 위치의 합리화에 지나지 않는다.

➡ 미국의 급진적 빈민운동가이자 지역사회 조직가 community organizer인 솔 알린스키Saul Alinsky, 1909~1972가 1969년에 쓴 『급진주의자를 위한 기상나팔 Reveille for Radicals』(1946)의 보론에서 한 말이다.[6]

self-respect
[selfrispékt]

자존심, 자긍심, 자부심, 자기 존중

Self-respect is to the soul as oxygen is to the body. Deprive a person of oxygen, and you kill his body; deprive him of self-respect, and you kill his spirit. 육체에 산소가 필요하듯이 정신엔 자존심이 필요하다. 산소를 차단하면 육체가 죽듯이, 자존심을 박탈하면 정신이 죽는다.

➡ 미국의 정신과 의사이자 학자인 토머스 사스 Thomas Stephen Szasz, 1920~의 말이다.

self-trust
[sélftrʌst]

자신감, 자기 신뢰

Self-trust is the first secret of success. 자신감은 성공의 첫 번째 비결이다.

➔ 미국 철학자 랠프 월도 에머슨Ralph Waldo Emerson, 1803~1882의 말이다.

sermon
[sə́ːrmən]

설교, 설법

The test of a preacher is that his congregation goes away saying, not "What a lovely sermon" but, "I will do something!". 설교자의 설교가 훌륭했느냐의 여부는 신도들이 가면서 하는 말에 의해 판가름난다. "정말 아름다운 설교입니다"가 아니라 "무언가를 하겠습니다"라고 말할 때에.

➔ 제네바의 주교를 지낸 성 프랑시스코 드 살레지오 St. Francis de Salesio, 1567~1622의 말이다.

settle
[sétl]

해결하다, 정착하다, 타협을 보다, 결정하다, 진정시키다

When people speak to you about a preventive war, you tell them to go and fight it. After my experience, I have come to hate war. War settles nothing. 누군가가 예방 전쟁이 필요하다고 말하면, 그 사람에게 직접 나가서 싸우라고 말하라. 전쟁을 겪은 후 나는 전쟁을 증오하게 되었다. 전쟁은 아무것도 해결하지 못하기 때문이다.

➔ 미국 제34대 대통령 드와이트 아이젠하워Dwight D.

sentimentalist
[sèntəméntəlist]

감상주의자, 감상적인 사람, 다정다감한 사람

A sentimentalist is simply one who desires to have the luxury of an emotion without paying for it. 감상주의자는 그 대가는 지불하지 않은 채 감정의 사치를 즐기려는 욕망을 가진 사람이다.

➜ 영국 작가 오스카 와일드Oscar Wilde, 1854~1900의 말이다.

servant
[sə́ːrvənt]

공무원, 하인, 고용인, 봉사자

Habit is either the best of servants or the worst of masters. 습관은 최상의 하인이 될 수도 있고 최악의 주인이 될 수도 있다.

➜ 미국 목사 너새니얼 에먼스Nathaniel Emmons, 1745~1840의 말이다.

servility
[səːrvíləti]

비굴, 노예근성, 노예 상태

Excessive modesty lapses into servility. 지나친 겸손은 비굴이 된다.

shallow
[ʃǽlou]

얕은, 천박한, 얄팍한, 피상적인, 깊이가 없는

Too much gravity argues a shallow mind. 과잉 근엄함은 얕은 정신 상태를 입증한다.

➜ 스위스의 관상학자physiognomist이자 작가인 요하나 카스퍼 라바터Johann Kaspar Lavater, 1741~1801의 말이다.

sincere
[sinsíər]

진지한, 진실한, 진심의, 성실한

There is no love sincerer than the love of food. 음식에 대한 사랑만큼 진실한 사랑은 없다.

➔ 영국 작가 조지 버나드 쇼George Bernard Shaw, 1856~ 1950의 말이다.

sinew
[sínjuː]

근육, 힘줄, 체력

Money is the sinews of love as well as of war. 돈은 전쟁뿐만 아니라 사랑의 동력이다.

singular
[síŋgjulər]

단수의, 독특한, 특별한

The total absence of humour in the Bible is one of the most singular things in all literature. 성경에 유머가 전무한 것은 모든 문헌을 통틀어 가장 독특한 것 중의 하나다.

➔ 영국 수학자이자 철학자인 앨프리드 노스 화이트헤드Alfred North Whitehead, 1861~1947의 말이다.

sip
[sip]

마시다, 한 모금

Can I have a sip? 조금 마셔도 될까요?

size
[saiz]

크기, 규모, 사이즈

That's about the size of it. 진상은 그런 정도다. 여기서 size는 "실정, 진상"이란 뜻이다. size가 이렇게 비유적 용법으로 쓰이는 또 다른 숙어는 try ~for size(사이즈가 맞는지 시험해보다. 시험적으로 ~을 해보다)다. Try that for size(잘 될지 안 될지 시험해보렴).[7]

sizeism

[sáizizm]

뚱뚱한 사람에 대한 차별, 체구차별주의

Requiring large passengers to buy two seats is pure sizeism. 체구가 큰 승객에게 두 장의 표를 사라고 요구하는 건 순전히 체구차별주의다.

키에 대한 차별은 heightism이라고 한다.[8]

skin

[skin]

피부, 껍질을 벗기다, 강탈하다, 사취하다

The fellow that agrees with everything you say is either a fool or he is getting ready to skin you. 당신이 말하는 모든 것에 동의하는 이는 바보이거나 당신을 벗겨 먹으려는 사람이다.

➡ 미국의 유머리스트humorist 킨 허바드Kin Hubbard, 1868~1930의 말이다.

skin-deep

[skindi:p]

근소한, 가죽 한 꺼풀 깊이의, 깊지 않은

Beauty is only skin-deep. 미모는 가죽 한 꺼풀에 지나지 않는다.

"Beauty is but skin-deep." 또는 "Beauty is only one layer"라고도 한다. 1613년 영국 시인 토머스 오버버리 경Sir Thomas Overbury, 1581~1613이 쓴 글이 최초의 기록이다. 같은 맥락에서 영국 시인 존 던 John Donne, 1572~1631은 Love built on beauty, soon as beauty, dies(미모에 혹한 사랑은 미모처럼 곧 사라진다)고 했다.[9]

➡ 이런 지적에 대해 미국 여배우 도로시 파커Dorothy Parker, 1893~1967는 이렇게 응수했다. Beauty is only skin deep, but ugly goes clean to the bone(미모는 가죽 한 꺼풀에 지나지 않는다지만 못생긴 경우는 뼛속까지 고통이겠죠).[10]

slack
[slæk]

느슨한, 꾸물거리는, 늘어짐

Master easy, servant slack. 주인이 엄격하지 않으면 하인은 태만해진다.

slander
[slǽndər]

비방(하다), 명예를 훼손하다

A slander is like a hornet; if you can't kill it dead the first time, better not strike at it. 비방은 말벌과 같다. 단 한번에 잡아 죽일 수 없다면 아예 건드리지 않는 게 낫다.

➔ 조시 빌링스Josh Billings라는 필명으로 활동한 미국의 유머리스트humorist 헨리 휠러 쇼Henry Wheeler Shaw, 1818~1885의 말이다.[11]

sloppy
[slɑ́pi]

묽은, 질척거리는, 단정치 못한, 되는대로, 감상적인

Stress is probably the most overused and misused word in the English language, with the possible exception of the word love.······In other words, stress is used in incredibly sloppy ways. 스트레스는 사랑이라는 단어를 제외하곤 가장 오남용 되는 영어 단어인 것 같다. 달리 말해, 스트레스는 믿기지 않을 만큼 마구잡이로 쓰이고 있다.

➔ 미국의 상담 전문가인 스콧 셰퍼드Scott Sheperd, 1945~가 『누가 주인인가?: 스트레스 신화에 대한 반

론『Who's In Charge?: Attacking the Stress Myth』이라는 책에서 한 말이다.[12]

sneak
[sni:k]

몰래(살금살금) 움직이다, 몰래 ~하다, 훔치다

Happiness often sneaks in through a door you didn't know you left open. 행복은 자주 내가 열어 둔 지도 몰랐던 문을 통해 슬그머니 찾아온다.

➔ 미국 배우 존 배리모어John Barrymore, 1882~1942의 말이다.

sneer
[sniər]

비웃다, 냉소(하다)

A sneer is the weapon of the weak. 냉소는 약자의 무기다.

➔ 미국의 시인, 평론가 겸 외교관인 제임스 러셀 로웰James Russell Lowell, 1819~1891의 말이다.

sorrow
[sárou]

슬픔, 비통, 애도

Sorrow makes us all children again. 슬픔은 우리 모두를 다시 어린애로 만든다.

➔ 미국 철학자 랠프 월도 에머슨Ralph Waldo Emerson, 1803~1882의 말이다.

Sorrow makes men sincere. 슬픔은 사람을 진실하게 만든다.

➔ 미국의 목사이자 노예 폐지 운동가였던 헨리 워드 비처Henry Ward Beecher, 1813~1887의 말이다.

Who swims in sin shall sink in sorrow. 죄의 바다에서 헤엄치는 사람은 슬픔으로 익사한다.

sort
[sɔːrt]

종류, 분류하다, 방식, 골라내다

It takes all sorts to make a world. 세상엔 별별 사람이 다 있는 법이다. 사람의 마음은 가지각색이다. 십인십색.

주로 어떤 사람의 유별난 행동을 가리키는 데에 쓰는 말이다. 아예 무시하거나 가능한 한 좋은 쪽으로 이해해주려는 두 가지 경우에 모두 쓰인다. 비슷한 뜻의 속담들이 많다. So many men, so many opinions. = So many men, so many minds. = Every man has his humor.[13]

soul
[soul]

영혼, 마음, 정신

A room without books is like a body without a soul. 책이 없는 방은 정신이 없는 육체와 같다.

→ 고대 로마의 철학자 키케로Cicero, B.C. 106~B.C. 43의 말이다.

My goal is to become ten-billion company with soul. 제 목표는 영혼이 있는 100억 달러 기업을 만드는 것입니다.[14]

→ 애플의 스티브 잡스Steve Jobs, 1955~2011가 1980년 애플 주식 공개 후 기자 인터뷰에서 한 말이다.

sow
[sou]

(씨를) 뿌리다, 암퇘지

A man reaps what he sows. 사람이 무엇을 심던지 그대로 거두리라.

→ 신약성서 「갈라디아서Galatians」 6장 3절에 나오는 말이다.

여기서 유래된 속담으로 As you sow, so you reap. = As a man sows, so he shall reap(뿌린 대로 거둔다. 인과응보因果應報)가 있다.

span
[spæn]

짧은 기간(길이, 거리)
Life is but a span. 인생은 덧없다.

spare
[spɛər]

아끼다, 용서해주다, 목숨을 살려주다, 여유, 남은, 예비의
Death spares no one. 죽음은 아무도 피할 수 없다.
Spare my life! 목숨만은 살려주시오!

spell
[spel]

철자하다, 주문, 마법, 기간, 의미하다, 초래하다
Some of mankind's most terrible misdeeds have been committed under the spell of certain magic words or phrases. 인류의 가장 끔찍한 악행들의 일부는 어떤 마술적 단어와 구절들의 주문에 의해 저질러져 왔다.

→ 미국 하버드대학교 총장 제임스 브라이언트 코넌트James Bryant Conant, 1893~1978의 말이다.

spit
[spit]

침(뱉다)
Who spits against the wind, it falls in his face. 바람을 향해 침을 뱉으면 얼굴 위로 떨어진다.

splendour
[splendə(r)]

장관壯觀, 장려함

The skyline of New York is a monument of a splendour that no pyramids or palaces will ever equal or approach. 뉴욕의 스카이 라인은 그 어떤 피라미드나 궁전도 필적하거나 접근할 수 없는 장관을 보여주는 기념비적 작품 이다.

➔ 미국 소설가이자 철학자인 에인 랜드Ayn Rand, 1905~ 1982의 말이다.

stare
[steər]

쳐다보다, 응시하다, 노려보다, 뚫어지게 보다

Look, if you're going to keep staring at me, and I'm going to keep staring back, I think we should at least know each other. I'm Hilary Rodham. What's your name? 이봐요, 저를 계속 쳐다보려면, 그리고 저도 그 시선을 피하지 않으려고 하니, 서로 통성명이라 도 하는 게 어떻겠어요. 전 힐러리 로댐인데, 당 신 이름은 뭐죠?

➔ 1970년 23세 때 미국 예일대 법대에 다니던 힐 러리Hilary Rodham가 우연히 법대 도서관의 긴 복 도에서 마주 친 같은 법대생 빌 클린턴에게 한 말이다. 이게 그들의 첫 만남이었는데, 두 사람 은 전기에 감전된 듯 한동안 서로 쳐다보았다고 한다. 두 사람은 이후 연애를 하다가 1975년에 결혼했다.[15]

steadfastness
[stedfǽstnis]

확고부동確固不動, 흔들리지 않음

Steadfastness is a noble quality, but unguided by knowledge or humility it becomes rashness or obstinacy. 확고부동確固不動은 고상한 자질이지만, 지식이나 겸손에 의해 인도되지 않으면 경솔이나 완고가 된다. steadfast는 "확고부동한, 고정된, (신념 등) 불변의, 부동의"란 뜻인데, stead는 네덜란드어 stad(town), 독일어 Stadt(town), Statt(place)와 깊은 관련이 있는 단어다. fast는 firm이란 뜻이므로, steadfast는 fixed in position, 즉 자기가 있는(사는) 곳을 지킨다는 의미다. be steadfast in one's faith는 "신념을 굽히지 않다", He was steadfast to his principles는 "그는 끝까지 원칙을 지켰다"는 뜻이다.[16]

steel
[sti:l]

철강, 강철, 견고하게 하다, 단단하게 하다

If we survive danger it steels our courage more than anything else. 위험을 이겨내는 건 용기를 그 어떤 것보다 더 강하게 만든다.

→ 미국의 신학자이자 정치학자인 라인홀드 니부어 Reinhold Niebuhr, 1892~1971의 말이다.

stick
[stik]

막대기, 고수하다, 붙다, 집착하다

We can do anything we want to if we stick to it long enough. 충분히 끈질기게 매달리기만 한다면 원하는 어떤 일이건 해낼 수 있다.

→ 시각·청각 장애인으로 큰 업적을 이룬 헬렌 켈러

Helen Keller, 1880~1968의 말이다.

stitch
[stitʃ]

바느질하다, 꿰매다, 봉합하다, 바늘땀

A stitch in time saves nine. 제때의 바늘 한 땀이 나중의 아홉 땀을 던다.

→ 18세기부터 쓰인 속담이다. 미국 시인 오그덴 내시 Ogden nash, 1902~1971는 이 속담을 원용해 자신의 산문집 제목을 『A Stitch Too Late Is My Fate(때를 놓치는 게 나의 운명)』(1938)로 붙였다.[17]

strife
[straif]

분쟁, 투쟁, 갈등, 싸움

Poverty breeds strife. 가난해지면 싸움이 일어난다.

strive
[straiv]

노력하다, 애쓰다, 분투하다, 싸우다

To strive with difficulties and to conquer them is the highest from of human felicity. 고난과 싸워 이기는 것이야말로 행복의 정수精髓다.

→ 영국 작가 새뮤얼 존슨Samuel Johnson, 1709~1784의 말이다.

Success comes to those who strive. 성공은 노력하는 자의 것이다.

stunningly
[stʌniŋli]

굉장하게, 깜짝 놀랄 정도로

The press may not be successful much of the time in telling people what to think, but it is stunningly successful in telling its readers what to think about. 언론은 사람들에게 무엇을 생각하라고 말하는 데엔 별 영향을 미치지 못할지 모르지만, 무엇에 대해 생각하게끔 하는 데엔 놀라울 정도로 성공적이다.[18]

➜ 미국 정치학자 버나드 코헨Bernard C. Cohen의 말이다.

subject
[sʌbdʒikt]

지배를 받는, 국민, 신하, 주제, 과목

I think that we should be men first, and subjects afterward. It is not desirable to cultivate a respect for the law, so much as for the right. 우리는 먼저 인간이 된 다음 국민이 되어야 한다. 법을 정의만큼 존중하는 것은 바람직하지 않다.

➜ 미국의 초월주의 작가 헨리 데이비드 소로Henry David Thoreau, 1817~1862의 말이다.

rulers and subjects는 "지배자와 피지배자"란 뜻이다.

sublime
[səbláim]

숭고한

There is but one step from the sublime to the ridiculous. 숭고함과 우스꽝스러움은 종이 한 장 차이다.

➜ 미국 독립전쟁의 당위성을 역설한 토머스 페인 Thomas Paine, 1737~1809이 『이성의 시대The Age of Reason』(1794)에서 한 말이다. 이 말은 이후 1812년 경 페인을 높게 평가했던 나폴레옹 보나파르트 Napoleon Bonaparte, 1769~1821에 의해서도 사용되었다.[19]

submit
[səbmít]

제출하다, 제시하다, 복종하다, 굴복하다

Wives, submit to your husbands as to the Lord. For the husband is the head of the wife as Christ is the head of the church, his body, of which he is the Savior. 아내들이여 자기 남편에게 복종하기를 주께 하듯 하라. 이는 남편이 아내의 머리됨이 그리스도께서 교회의 머리됨과 같음이니 그가 친히 몸의 구주시니라.

➜ 신약성서 「에베소서Ephesians」 5장 22~23절에 나오는 말이다.

subordinate
[səbɔ́ːrdənət]

부하(의), 하위의, 종속시키다, 중요치 않은

Always let your subordinates know that the honor will be all theirs if they succeed and the blame will be yours if they fail. 부하들이 성공하면 공적은 부하들의 것이 되고, 부하들이 실패하면 책임은 당신의 것이 된다는 것을 늘 부하들이 알게끔 하라.

➜ 미국 작가 도널드 필립스Donald Phillips, 1952~가 『링컨의 리더십론』이란 책에서 링컨의 리더십 원칙을 해설하면서 한 말이다.[20]

substitute
[sʌ́bstətjùːt]

(다른 누구·무엇을) 대신하는 사람, 대리자, 대용물, 대체물

There is no substitute for the United States. 미국을 대체할 수 있는 것은 없다.

➜ 2009년 2월 시리아 대통령 바샤르 알아사드Bashar Al-Assad, 1965~가 미국 대통령 버락 오바마Barack

Obama가 2005년에 단절된 미국-시리아의 대사급 외교관계를 재개해줄 것을 기대하면서 한 말이다.[21]

succeed
[səksíːd]

성공하다, 후임이 되다, 뒤를 잇다, 계속되다, 계승하다

Pain and pleasure, like light and darkness, succeed each other. 고통과 쾌락은 빛과 어둠처럼 끊임없이 교차한다.

➡ 영국 작가 로런스 스턴Laurence Sterne, 1713~1768의 말이다.

Sadness and gladness succeed each other. 슬픔과 기쁨은 서로 잇따라 온다.

suit
[suːt]

~에게 맞다(괜찮다, 편리하다)

Suit the action to the word, the words to the action. 말을 행동에 맞추지 말고 행동을 말에 맞춰라.

➡ 영국 작가 윌리엄 셰익스피어William Shakespeare, 1564~1616의 말이다.

suit는 보통 '정장'이라는 명사로 많이 쓰이지만, 동사일 땐 위와 같은 뜻을 갖는다. 모처럼 정장을 차려 입고 나가는데, 잘 맞아야 하지 않겠는가.

surpass
[sərpǽs]

넘어서다, 돌파하다, 앞서다, 초과하다, 극복하다

To be in love is to surpass oneself. 사랑을 한다는 것은 자신을 초월하는 일이다.

➡ 영국 작가 오스카 와일드Oscar Wilde, 1854~1900의 말이다.

suspect
[səspékt]

의심하다, 용의자, 생각하다, 혐의를 받은, 피의자

New opinions are always suspected, and usually opposed, without any other reason but because they are not already common. 새로운 의견은 늘 의심받고 반대에 직면하곤 한다. 이미 익숙한 것이 아니라는 것 이외에 그 어떤 이유도 없다.

➔ 영국 사상가 존 로크John Locke, 1632~1704의 말이다.

swallow
[swάlou]

삼키다, 감수하다, 제비

One swallow does not make a summer. 제비 한 마리가 왔다고 해서 여름이 되는 것은 아니다. 사물의 일면만 보고 전체를 판단하지 말라. 속단은 금물이다.

➔ 아리스토텔레스Aristotle, B.C. 384~B.C. 322의 말이다. 그는 이 말을 어떤 사람의 좋은 면만을 보고 그 사람 전체를 좋은 사람으로 판단해서는 안 된다는 의미로 썼다.[22]

swear
[swɛər]

욕하다, 맹세하다, 단언하다

When angry, count to four; when very angry, swear. 화나면 넷까지 세라, 그래도 화가 나면 욕을 해라.

➔ 미국 작가 마크 트웨인Mark Twain, 1835~1910의 말이다.[23]

sympathy
[símpəθi]

동정, 공감

The first duty of an historian is to be on

his guard against his own sympathies. 역사가의 첫 번째 의무는 자신의 동정이나 공감을 경계하는 것이다.

→ 영국 역사가 제임스 프루드James Anthony Froude, 1818~1894의 말이다.

A crowd always thinks with its sympathy, never with its reason. 군중은 늘 이성이 아닌 공감으로 생각한다.

T

tale-bearer [téilbɛərər]	**남의 이야기(나쁜 소문)를 퍼뜨리는 사람** A tale-bearer is worse than a thief. 나쁜 소문을 퍼뜨리는 사람은 도둑보다 더 나쁘다. Tale-bearers are as bad as tale-makers. 소문의 전파자는 그 날조자와 마찬가지로 나쁘다. → 미국의 명예훼손법은 이를 가리켜 '전파자 책임의 법리republication rule'라고 한다.[1]
tame [teim]	**길들이다, 억제하다, 완화하다, 온순한** Little minds are tamed and subdued by misfortunes; but great minds rise above them. 소인은 불운에 길들여지고 압도당하지만, 대인은 불운을 이겨낸다. → 미국 작가 워싱턴 어빙Washington Irving, 1783~1859의 말이다.[2]

taxation
[tækséiʃən]

과세, 징세, 세제, 세금

Inflation is one form of taxation that can be imposed without legislation. 인플레이션은 입법 없이 부과할 수 있는 세금의 한 유형이다.

➡ 미국 경제학자 밀턴 프리드먼Milton Friedman, 1912~2006의 말이다.

tease
[tiːz]

놀리다, 괴롭히다

His friends at school used to tease him. It was going to get worse. What his friends say when he's 14? 학교에서 친구들이 놀린다는 거예요. 앞으로 계속 악화될 게 뻔하잖아요. 아이가 14세가 되면 그땐 친구들이 뭐라고 하겠어요?

➡ 미국 속옷 패션모델 스테파니 시모어Stephanie Seymour, 1968~가 2000년 언론 인터뷰에서 한 말이다. 섹시한 란제리 판매로 유명한 Victoria's Secret의 모델 계약을 갱신하지 않은 이유에 대해 한 말이다. 당시 그의 아들은 10세였는데, 아들 때문에 속옷 광고 모델을 포기했다는 것이다.

temper
[témpər]

기질, 화, 부드럽게 하다, 진정시키다, 경감하다

Let discretion tempers zeal. 열정을 신중으로 다스려라.

temperament
[témpərəmənt]

기질, 성격

A second-class intellect, but a first-class

temperament! 지성은 이류지만, 기질은 일류다!

➔ 미국 대법관을 지낸 올리버 웬들 홈스Oliver Wendell Holmes, 1841~1935가 프랭클린 루스벨트Franklin Delano Roosevelt, 1882~1945 대통령을 가리켜 한 말이다. 실제로 루스벨트의 최대 정치적 무기는 친근감이었다.[3]

temperance
[témpərəns]

절제, 중용, 금주

Temperance is conducive to long life. 절제는 장수를 가져온다. (참고 intemperance).

temptation
[temptéiʃən]

유혹

I can resist everything but temptation. The only way to get rid of a temptation is to yield to it. 유혹 말고는 다 이겨낼 수 있다. 유혹을 없애는 유일한 방법은 그것에 굴복하는 것이다.

➔ 영국 작가 오스카 와일드Oscar Wilde, 1854~1900의 말이다.[4]

tenaciously
[tənéiʃəsli]

집요하게, 끈질기게

There is nothing to which men cling more tenaciously than the privileges of class. 계급의 특권만큼 인간이 집요하게 집착하는 건 없다.

➔ 영국의 정치이론가로 작가 버지니아 울프Virginia Woolf의 남편인 레너드 시드니 울프Leonard Sidney Woolf, 1880~1969의 말이다.

thorn

[θɔːrn]

가시, 고통을 주는 것

There is no rose without a thorn. 가시 없는 장미는 없다. 완전한 행복이란 없다.

thrift

[θrift]

절약, 검소

Thrift comes too late when you find it at the bottom of your purse. 지갑이 바닥났을 때 절약해 보아야 소용없다.

➜ 로마 철학자 세네카Seneca, B.C. 4~A.D. 65의 말이다. spendthrift는 "낭비가, 방탕자prodigal, 돈을 헤프게 쓰는, 낭비하는"이란 뜻인데, 이 단어의 배경엔 이런 사연이 있다. 중세 유럽에서 보통사람이 돈을 모으는 건 거의 불가능한 일이었다. 세율이 워낙 높아 세금 내기에도 바쁠 지경이었다. 어떤 사람이 정말 독한 마음을 먹고 검약해서 돈을 모았다. 그는 자신의 아들들에게 그 돈이 자신의 thrift의 결과라고 자랑스럽게 말했지만, 이 못난 아들들은 그 돈을 다 낭비하고 말았다. thrift를 낭비한 셈이니, spendthrift다.[5]

thrive

[θraiv]

번창하다, 성장하다, 넘쳐나다, 확장하다, 무성하다

Ill weeds are sure to thrive. = Ill weeds grow apace. 잡초(악초)는 빨리 자란다. 미움 받는 자가 오히려 활개 친다.[6]

torment

[tɔːrmént]

고문, 고통, 괴롭히다

Love is a sweet torment. 사랑은 달콤한 고문이다.

tranquil

[trǽŋkwil]

조용한, 고요한

Tranquil pleasures last the longest: we are not fitted to bear the burden of great joys. 잔잔한 기쁨이 오래 간다. 큰 기쁨의 부담을 감당하는 건 어렵기 때문이다.

→ 미국 작가 크리스천 네스텔 보비Christian Nestell Bovee, 1820~1904의 말이다.

trifle

[tráifl]

사소한 일, 하찮은 일

Don't brood over such trifles. 그런 하찮은 일에 신경 쓰지 마라.

toil

[tɔil]

수고, 노고, 힘써 일하다

No reward without toil. 수고 없이 얻을 순 없다.

transmit

[trænsmít]

전염시키다, 전송하다, 전달하다, 보내다

Men make their own history, but they do not make it just as they please; they do not make it under circumstances chosen by themselves, but under circumstances directly found, given and transmitted from the past. 인간은 그들 자신의 역사를 만들지만 그들이 원하는 대로 만들진 못한다. 그들은 그들이 선택한 환경 하에서 역사를 만드는 게 아니며, 그 환경은 직접 과거로부터 발견되고 주어지고 계승된 것이다.

→ 카를 마르크스Karl Marx, 1818~1883의 말이다.

trash
[træʃ]

쓰레기, 버리다

I love kitschy, trashy, tacky things. So I'm not insulted when people call me 'Trash.' I use a lot of trash, after all, for my inspiration. And, anyway, we are all trash to someone else. 저는 저속하고 쓰레기 같고 촌스러운 것을 사랑합니다. 그래서 사람들이 저를 '쓰레기'라고 불러도 전 모욕당한 게 아니죠. 뭐라고 해도 전 제 영감을 위해 많은 쓰레기를 이용합니다. 그런데 어쨌거나 우리는 모두 다른 사람에겐 쓰레기 아닌가요?

➜ 프랑스의 전위적 패션 디자이너 장폴 고티에Jean-Paul Gaultier, 1952~가 『워싱턴포스트』 1993년 7월 17일자 인터뷰에서 한 말이다.[7]

trouble
[trʌbl]

곤란, 곤경, 괴롭히다, 귀찮게 하다

Don't look for trouble. 걱정을 사서 하지 마라. Don't invite trouble이라고도 한다.

A trouble shared is a trouble halved. 백짓장도 맞들면 낫다. 고통은 나누면 반이 된다.

Never trouble trouble till trouble troubles you. 걱정거리가 당신을 실제로 걱정하게 만들 때까진 걱정거리를 미리 걱정하지 말라. 생기지도 않은 문제를 미리 걱정하지 말라.

I've seen many troubles in my time, only half of which ever came true. 걱정하는 것은 실제 절반도 현실이 아니다.

➜ 미국 작가 마크 트웨인Mark Twain, 1835~1910의 말이다.

Never trouble another for what you can do yourself. 스스로 할 수 있는 일로 남을 성가시게 하지 말라.

→ 미국 제3대 대통령(1801~1809년) 토머스 제퍼슨 Thomas Jefferson, 1743~1826의 말이다.

Most people would succeed in small things if they were not troubled with great ambition. 대부분의 사람들이 큰 야망으로 근심하지 않는다면 작은 일에선 성공할 것이다.

→ 미국 시인 헨리 워즈워스 롱펠로Henry Wadsworth Longfellow, 1807~1882의 말이다.

The trouble with socialism is that it would take too many evenings. 사회주의의 문제는 너무 많은 저녁을 빼앗아 간다는 것이다.

→ 영국 작가 오스카 와일드Oscar Wilde, 1854~1900의 말이다. 토론을 한다고 당원들의 시간을 너무 많이 요구한다는 뜻이다.[8]

turbulence
[tə́ːrbjuləns]

사나움, 소란, 동요

Turbulence is life force. It is opportunity. Let's love turbulence and use it for change. 동요는 생명력이다. 그것은 기회다. 우리 모두 동요를 사랑하고 그것을 변화를 위해 쓰자.

→ 미국 법률가 램지 클라크Ramsey Clark, 1927~의 말이다.

tyranny

[tírəni]

폭정, 횡포, 전제정치

Tyranny is always better organized than freedom. 폭정은 늘 자유보다 더 잘 조직돼 있다.

→ 프랑스 시인 샤를 페기Charles Péguy, 1873~1914의 말이다.

tyrant

[táiərənt]

폭군, 독재자

The mob is the mother of tyrants. 군중은 폭군의 어머니다.

→ 그리스 철학자 디오게네스Diogenes, B.C. 412~B.C. 323의 말이다.

ultimate

[ˈʌltəmət]

궁극적인, 최종의, 최고의, 근본적인

To be loved, and to love, need courage, the courage to judge certain values as of ultimate concern—and to take the jump and stake everything on these values. 사랑받고 사랑하는 건 용기를 필요로 한다. 이 용기는 어떤 가치를 궁극적인 관심사로 판단하는 용기며, 이러한 가치를 위해 달려가며 모든 걸 거는 용기다.[1]

➔ 유대인으로 독일계 미국인 학자인 에리히 프롬 Erich Fromm, 1900~1980의 말이다.

The ultimate test of management is performance. 경영의 궁극적 평가 잣대는 실적이다.

➔ 미국 경영학자 피터 드러커Peter F. Drucker, 1909~2005 의 말이다.

uncharitableness
[ʌntʃǽritəblnis]

무자비함, 냉혹함

If men would consider not so much wherein they differ, as wherein they agree, there would be far less of uncharitableness and angry feeling in the world. 만약 사람들이 자신이 동의하지 않는 것보다 동의하는 것에 더 주의를 기울인다면 이 세상에서 무자비함과 분노의 감정이 훨씬 줄어들 것이다.

➡ 영국 작가 조지프 애디슨Joseph Addison, 1672~1719의 말이다.

uncharitableness는 charitable(자선을 베푸는, 너그러운)에서 나온 말이다.

uncommonly
[ʌnkɑ́mənli]

드물게, 비상하게, 두드러지게

The secret to success is to do common things uncommonly well. 성공의 비밀은 평범한 일을 비범하게 해내는 것이다.

➡ 미국 석유 재벌 존 록펠러John D. Rockefeller, 1839~1937의 말이다.

undeservedly
[ʌndizə́:rvidli]

분에 넘치게, 부당하게

Some books are undeservedly forgotten; none are undeservedly remembered. 어떤 책들은 부당하게 잊히지만, 분에 넘치게 기억되는 책은 없는 법이다.

➡ 미국 시인 W. H. 아우덴W. H. Auden, 1907~1973의 말이다.

uninterested

[ʌníntərəstid, –tərèstid]

냉담한, 무관심한, 흥미를 느끼지 않는, 재미없는, 이해관계가 없는

There is no such thing on earth as an uninterested subject; the only thing that can exist is an uninterested person. 이 세상에 재미없는 주제란 없다. 재미를 느끼지 못하는 사람만이 있을 뿐이다.

➜ 영국 작가 길버트 체스터턴Gilbert K. Chesterton, 1874~1936의 말이다. (참고 disinterested).

unrequited

[ʌnrɪkwaɪtɪd]

보답 없는, 일방적인, 상대방이 알아주지 않는, 짝사랑의, 무보수의

Self-love seems so often unrequited. 자기애는 보답 받는 경우가 드문 것 같다.

➜ 영국 작가 앤서니 파월Anthony Powell, 1905~의 말이다.

untaught

[ʌntɔ́ːt]

자연히 터득한, 타고난

Instinct is untaught ability. 본능이란 배우지 않고 터득하는 능력이다.

➜ 스코틀랜드 발명가인 알렉산더 베인Alexander Bain, 1811~1877의 말이다.

upset

[ʌpset]

화난, 기분 나쁜, 당황, 혼란, 아픈

A cynic is just a man who found out when he was ten that there wasn't any Santa Claus, and he's still upset. 냉소주의자는 10세 때 산타클로스는 없다는 걸 알고서 지금까지도 당황해하는 사람이다.

valet

[vǽlei]

하인, 호텔 보이

No man can be a hero to his valet. 곁에서 시중드는 하인에게 영웅일 수 있는 사람은 없다. 한국에서 외래어로 자리 잡은 발레-파킹valet parking 은 백화점, 음식점, 호텔 따위의 주차장에서 주차 요원이 손님의 차를 대신 주차해주는 것 또는 그러한 일을 가리킨다.

valor

[vǽlə(r)]

(특히 전쟁터에서) 용기

Valor is just halfway between rashness and cowardice. 용기는 경솔과 비겁의 중간에 있다.

→ 스페인 작가 세르반테스Miguel de Cervantes, 1547~1616의 말이다.

valuable
[vǽljuəbl]

가치 있는, 귀중한

Some people are more valuable than others. 어떤 사람은 다른 사람들보다 중요하다.

→ 1970년대 미국 ABC-TV가 발간한 내부 보고서 제목이다. 시청자의 머릿수보다는 광고주가 환영하는 높은 구매력을 가진 시청자들을 많이 끌어들여야 한다는 뜻으로 낸 보고서다.[1]

vanity
[vǽnəti]

허영심

The highest form of vanity is love of fame. 허영심의 극치는 명예욕이다.

→ 스페인 출신의 철학자 조지 산타야나George Santa-yana, 1863~1952의 말이다.

venom
[vénəm]

독(을 타다)

Their venom is like the venom of a snake, like that of a cobra that has stopped its ears, that will not heed the tune of the charmer, however skillful the enchanter may be. 저희의 독은 뱀의 독 같으며 저희는 귀를 막은 귀머거리 독사 같으니, 곧 술사가 아무리 공교한 방술을 행할지라도 그 소리를 듣지 아니하는 독사로다.

→ 구약성서 「시편Psalms」 58장 4~5절에 나오는 말이다.

vigilance
[vídʒələns]

경계, 불침번, 조심

Eternal vigilance is the price of liberty. 영

원한 경계는 자유의 대가다.

→ 미국 제3대 대통령(1801~1809년) 토머스 제퍼슨 Thomas Jefferson, 1743~1826의 말이다.
vigil은 "철야, 불침번, 철야기도", keep vigil은 "불침번을 서다, 밤샘을 하다", keep vigil over(beside) a sick child는 "밤새워 간호하다", vigilance는 "조심, 경계"를 뜻한다.[2]

vilify
[vílǝfài]

비방하다, ~을 헐뜯다, ~을 욕하다

You can quote them, disagree with them, glorify or vilify them, but the only thing you can't do is ignore them because they change things. 당신은 그들을 인용할 수도 있고, 동의하지 않을 수도 있고, 찬양하거나 비방할 수도 있지만, 당신이 유일하게 할 수 없는 것은 그들을 무시하는 일입니다. 왜냐하면 그들은 세상을 바꾸어놓기 때문이죠.

→ 애플의 스티브 잡스Steve Jobs, 1955~2011가 직접 내레이션을 맡았던 '다르게 생각하라Think Different' 캠페인 문구의 일부다. 여기서 그들은 미치광이들, 부적응자들, 반역자들, 말썽꾸러기들 등과 같이 세상을 다르게 본 사람들을 가리킨다.[3]

villain
[vílǝn]

악한, 악당

One murder makes a villain, millions hero. 한 사람을 죽이면 악한이 되지만, 수많은 사람을 죽이면 영웅이 된다.

→ 영국 성직자 베일비 포투스Beilby Porteus, 1731~1809의

말이다.

vinegar
[vínəgər]

식초, 찡그린 표정, 정력, 기운

Honey catches more flies than vinegar. 식초보다는 꿀이 파리를 더 잘 잡는다. 부드러운 방식이 더 잘 먹힌다.

virtuous
[və́:rtʃuəs]

덕 있는, 도덕적인

A corrupt people is not responsive to virtuous leadership. 부패한 사람들은 덕망 있는 리더십을 따르지 않는다.

→ 미국 역사가 게리 윌스Garry Wills, 1934~의 말이다.

vituperation
[vaitjùːpəréiʃən]

독설, 비난, 욕설

Vituperation: Satire, as understood by dunces and all such as suffer from an impediment in their wit. 독설: 저능한 인간이나 기지機智에 장애가 있는 족속들이 이해하는 정도의 풍자.

→ 미국 독설가 앰브로즈 비어스Ambrose Bierce, 1842~1914가 『악마의 사전』에서 내린 정의다.[4]

vivacity
[vivǽsəti]

활발함, 쾌활함, 원기 왕성

As vivacity is the gift of women, gravity is that of men. 쾌활함이 여성의 재능(적성)이듯이, 근엄함은 남성의 재능이다.

→ 영국 작가 조지프 애디슨Joseph Addison, 1672~1719의 말이다.

vow
[vau]

맹세(하다)

Vows made in storms are forgotten in calm. 폭풍이 몰아칠 때 한 맹세는 고요해지면 잊힌다.

➔ 영국의 성직자이자 작가로, 『잉글랜드 명사&土들의 역사The History of the Worthies of England』를 쓴 토머스 풀러Thomas Fuller, 1608~1661의 말이다.

vulgar
[vʌlgər]

저속한, 천박한, 상스러운, 음탕한

Abuse is the weapon of the vulgar. 욕설은 저속한 사람들의 무기다.

➔ 미국 작가 새뮤얼 구드리치Samuel Griswold Goodrich, 1793~1860의 말이다.[5]

vulgar는 '보통사람에 속하는'이란 뜻을 가진 라틴어 vulgaris에서 유래된 말이다. 1640년경부터 평민을 비하하는 귀족주의적 관점에서 지금과 같은 뜻으로 쓰이게 되었다.[6] (참고 abuse).

wag
[wæg]

(개가 꼬리를) 흔들다

America is a large, friendly dog in a very small room. Every time it wags its tail it knocks over a chair. 미국은 아주 작은 방 속에 있는 큰 애견과 같다. 꼬리를 흔들 때마다 의자를 넘어뜨린다.

→ 영국 역사가 아널드 토인비Arnold Toynbee, 1889~1975의 말이다.

wage
[weidʒ]

임금, 급여, 삯, (논쟁 따위를) 수행하다

The wages of sin is death. 죄의 삯은 사망이니라.

→ 신약성서 「로마서Romans」 6장 23절에 나오는 말이다.

The wages of sin is death. Don't trouble whether it's the real sinner who gets the wages. 죄의 값은 사망이다. 그 값을 치르는 사람이 진짜 죄인인지는 염려하지 말라.

→ 영국의 탐정소설 작가 H. C. 베일리H. C. Bailey, 1878~1961가 『No Murder: The Apprehensive Dog』(1942)에서 쓴 말인데, 이 성경 말씀은 20세기 들어선 풍자적으로 쓰이는 경향이 있다.[1]

When the rich wage war, it's the poor who die. 전쟁을 일으키는 건 부자들이지만, 죽는 건 가난한 사람들이다.

→ 프랑스 철학자 장 폴 사르트르Jean-Paul Charles Aymard Sartre, 1905~1980의 말이다.

wager
[wéidʒər]

내기(의 대상), 내기에 걸다, 보증하다

A wager is a fool's argument. 노름(내기)은 바보들의 논쟁이다.

I wager that they shall win. 꼭 그들이 이길 걸.

lay(make) a wager는 "내기를 하다"는 뜻이다.

wavering
[wéivəriŋ]

흔들리는, 펄럭이는, 떨리는

The wavering mind is but a base possession. 갈팡질팡하는 정신 상태는 천박한 기질에 지나지 않는다.

→ 그리스의 비극 작가 에우리피데스Euripides, B.C. 480~B.C. 406의 말이다.

weal
[wiːl]

행복, 안녕, 복지

No weal without woe. 슬픔 없는 행복은 없다.

the public weal은 "공공의 복리", in weal and(or) woe는 "화복禍福 어느 경우에도"라는 뜻이다. (참고 woe).

weep
[wi:p]

울다, 눈물을 흘리다, 슬퍼하다

Laugh and the world laughs with you; weep and you weep alone. 웃을 땐 함께 웃지만, 울 땐 혼자 운다.

wicked
[wíkid]

악한, 사악한, 심술궂은, 싫은

We should notice how easily men are corrupted and become wicked, although originally good and well educated. 원래는 선하고 잘 교육받은 사람이라도 쉽게 부패하고 사악해질 수 있다는 걸 유념하라.

→ 이탈리아 사상가 마키아벨리Niccolò Machiavelli, 1469~1527의 말이다.[2]

I never wonder to see men wicked, but I often wonder to see them not ashamed. 나는 사람들이 악한 걸 보고선 놀라지 않지만 때로 그들이 부끄러워하지 않는 걸 보고선 놀란다.

→ 영국 작가 조너선 스위프트Jonathan Swift, 1667~1745의 말이다.

wise
[waiz]

현명한, 똑똑한

It is easy to be wise after the event. 끝난 다음에 똑똑한 말 하기는 쉽다(격언).

이런 사후 평가나 때늦은 지혜를 hindsight이라

고 하며, 여기에서 비롯된 편향을 hindsight bias 라고 한다, 우리말로 '사후 확신 편향', '사후 설명 편향', '사후 판단 편향', '뒷북 편향'이라고 번역하며, 영어에선 knew-it-all-along effect라고도 한다. 사후 확신 편향은 바루크 피쇼프Baruch Fischhoff 가 1975년에 발표한 논문에서 처음 제시했는데, 그 논문의 제목은 「나는 그 일이 일어날 줄 알았다 I Knew It Would Happen」이다.[3]

wisdom
[wízdəm]

지혜

I hope that our wisdom will grow with our power, and teach us that the less we use our power the greater it will be. 우리의 힘과 더불어 우리의 지혜도 성장해, 힘을 적게 쓸수록 힘은 더욱 위대해진다는 진리를 우리가 깨닫게 되기를 바란다.

➔ 미국 제3대 대통령(1801~1809년) 토머스 제퍼슨 Thomas Jefferson, 1743~1826의 말이다.[4]

Knowledge speaks but wisdom listens. 지식은 말하지만 지혜는 듣는다.

Trouble brings experience and experience brings wisdom. 역경은 경험을, 경험은 지혜를 준다.

woe
[wou]

슬픔, 비통, 비애

Woes unite foes. 재난은 적들마저 단결시킨다.

woeful
[wóufəl]

비참한, 불행한

Willful waste brings woeful want. 제 멋대로 하는 낭비는 비참한 가난(결핍)을 불러온다.

➔ 영국 역사가 토머스 풀러Thomas Fuller, 1608~1661의 말이다.
willful은 "계획적인, 외고집의, 제 멋대로의", willful murder는 "고의적 살인", willful ignorance 는 "외고집에 의한 무지"를 뜻한다.

wound
[wu:nd]

부상, 상처, 고통, 상차를 입히다, 해치다

Better to die ten thousand deaths, than wound my honor. 불명예스런 상처를 입는 것보다 수만 번 죽는 게 낫다.

➔ 영국 작가 조지프 애디슨Joseph Addison, 1672~1719의 말이다.[5]

wrath
[ræθ]

격노, 복수, 천벌

A gentle answer turns away wrath, but a harsh word stirs up anger. 유순한 대답은 분노를 쉽게 해도 과격한 말은 노를 격동하느니라.

➔ 구약성서 「잠언Proverbs」 15장 1절에 나오는 말이다.

yen
[jen]

갈망, 열망, 동경(하다)

I have a yen for you. 나는 당신을 동경하고 있습니다.

He had a yen for apple pie. 그는 애플파이가 몹시 먹고 싶었다.

yen의 어원은 전혀 고상하지 않다. 19세기 후반 미국에 들어온 중국인들의 아편에 대한 열망을 가리키는 중국어에서 나온 말이기 때문이다.[1]

yield
[ji:ld]

생기게 하다, 산출하다, 양보하다, 굴복하다, 산출고, 수확량, 수익률

Invest money in people; it always yields the highest return on your investment. 사람에게 투자하라. 그게 가장 수익률이 높은 투자다.

➜ 미국의 리더십 전문가 존 캘빈 맥스웰John Calvin

Maxwell, 1947~의 말이다. 리더를 양성하고 육성하는 데에 심혈을 기울이라는 뜻이다.

zeal
[ziːl]

열정, 열의, 열기, 혈안
Zeal without knowledge is a runaway
horse. 지식 없는 열정은 고삐 풀린 말과 같다.

zoology
[zouɑ́lədʒi]

동물학
Ideology is a part of zoology. 이데올로기는
동물학의 일부다.

➔ 1789년 '이데올로기'란 말을 처음 사용한 프랑스
사상가 앙토니 데스튀트 드트라시Antoine Destutt de
Tracy, 1754~1836가 한 말이다. 그는 인간의 모든 생각
은 세계와 접촉하는 신체에서 나온다는 이유로 '생
각의 과학'은 자연과학이 되어야 한다고 주장했다.

주

1) Ambrose Bierce, 『The Devil's Dictionary』(New York: Bloomsbury, 1906/2008), p.1; 앰브로즈 비어스, 『악마의 사전』(이른아침, 1906/2005), 96쪽.

2) 「Geinier, Lani」, 『Current Biography』, 65:1(January), pp.20~21.

3) 「부조리연극(不條理演劇)」, 『네이버 지식백과』.

4) 김은경, 「불황 벗어날 구멍 아시아에서 찾다」, 『더 스쿠프』, 제74호(2014년 1월 7일).

5) 「성취지수(accomplishment quotient, 成就指數)」, 『네이버 지식백과』.

6) Nitin Nohria & James D. Berkley, 「Whatever Happened to the Take-Charge Manager?」, 『Harvard Business Review on Leadership』(Cambridge, MA: Harvard Business School Press, 1998), pp.207~208.

7) George W. Bush, 「부시 대통령 후보 수락 연설」, 『월간조선』, 2000년 9월호, 625~650쪽.

8) 임귀열, 「[임귀열 영어] Adjectives : necessary evils(형용사는 필요악)」, 『한국일보』, 2012년 8월 13일.

9) Christine Ammer, 『The Facts on File Dictionary of Cliches』(New York: Checkmark Books, 2001), p.255.

10) Warren G. Bennis, 『Why Leaders Can't Lead: The Unconscious Conspiracy Continues』(San Francisco, CA: Jossey-Bass Publishers, 1989), p.150.

11) Saul D. Alinsky, 『Rules for Radicals: A Pragmatic Primer for Realistic Radicals』(New York:

Vintage Books, 1971/1989), p.4; 솔 D. 알린스키, 박순성·박지우 옮김, 『급진주의자를 위한 규칙: 현실적 급진주의자를 위한 실천적 입문서』(아르케, 1971/2008), 41~42쪽.

12) Julia Vitullo-Martin & J. Robert Moskin, 『Executive's Book of Quotations』(New York: Oxford University Press, 1994), p.162.

13) William Safire, 『Safire's Political Dictionary』(New York: Random House, 1978), p.12.

14) 「Samuel S. Epstein」, 『Current Biography』, 62:8(August 2001), p.42.

15) Ronald Steel, 『Walter Lippmann and the American Century』(Boston, Mass.: Little, Brown, 1980), p.17.

16) 손호철, 「한국의 신자유주의와 민주주의」, 안병영·임혁백 편, 『세계화와 신자유주의: 이념·현실·대응』(나남, 2000).

17) 임귀열, 「[임귀열 영어] Mercy surpasses justice(관용이 정의보다 낫다)」, 『한국일보』, 2013년 3월 13일.

18) Saul D. Alinsky, 『Reveille for Radicals』(New York: Vintage Books, 1946/1989), p.44.

19) Jeremy Rifkin, 『The European Dream』(New York: Jeremy P. Tarcher/Penguin, 2004), p.33; 제러미 리프킨, 이원기 옮김, 『유러피언 드림: 아메리칸 드림의 몰락과 세계의 미래』(민음사, 2004/2005), 51쪽.

20) Christine Ammer, 『The Facts on File Dictionary of Cliches』(New York: Checkmark Books, 2001), p.9; 「Michael Phelps」, 『Current Biography』, 65:8(August 2004), p.76.

21) Marvin Terban, 『Scholastic Dictionary of Idioms』(New York: Scholastic, 1996), p.5.

22) 임귀열, 「[임귀열 영어] Imagination will take you everywhere(상상의 날개)」, 『한국일보』, 2011년 10월 4일.

23) David Riesman·Nathan Glazer·Reuel Denney, 『The Lonely Crowd: A Study of the Changing American Character』(Garden City, N.Y.: Doubleday Anchor Books, 1950/1954), p.228.

24) Ambrose Bierce, 『The Devil's Dictionary』(New York: Bloomsbury, 1906/2008), p.8; 앰브로즈 비어스, 『악마의 사전』(이른아침, 1906/2005), 134쪽.

25) Tal Ben-Shahar, 『Even Happier: A Gratitude Journal for Daily Joy and Lasting Fulfillment』(New York: McGraw-Hill, 2010), p.124.

26) Ronald W. Dworkin, 『Artificial Happiness: The Dark Side of the New Happy Class』(New York: Carroll & Graf Publishers, 2006), p.4.

27) 「Jackson Katz」, 『Current Biography』, 65:7(July 2004), pp.46~47.

B

1) William Safire, 『Safire's Political Dictionary』(New York: Random House, 1978), p.31.

2) Charles Earle Funk & Charles Earle Funk, Jr., 『Horsefeathers and Other Curious Words』 (New York: Quill, 1958/2002), p.23; William Safire, 『Safire's Political Dictionary』(New York: Random House, 1978), pp.40~41.

3) Barry Glassner, 『The Culture of Fear: Why Americans Are Afraid of the Wrong Things』, 2nd ed.(New York: Basic Books, 2009), p.3; 배리 글라스너, 연진희 옮김, 『공포의 문화』(부광, 2005), 35쪽.

4) Phil Cousineau, 『Word Catcher』(Berkeley, CA: Viva, 2010), pp.34~35.

5) William Morris & Mary Morris, 『Morris Dictionary of Word and Phrase Origins』, 2nd ed.(New York: Harper & Row, 1971), p.305; Max Cryer, 『Common Phrases』(New York: Skyhorse, 2010), pp.141; William Safire, 『Safire's Political Dictionary』(New York: Random House, 1978), p.322.

6) Christine Ammer, 『The Facts on File Dictionary of Cliches』(New York: Checkmark Books, 2001), p.380.

7) Christine Ammer, 『The Facts on File Dictionary of Cliches』(New York: Checkmark Books, 2001), p.24; 『엣센스 영한사전』, 제6정판(민중서림, 1995), 250쪽.

8) 임귀열, 「[임귀열 영어] Pride doesn't fill the belly(자존심이 밥 먹여 주나)」, 『한국일보』, 2012년 4월 4일.

9) Rosemarie Ostler, 『Let's Talk Turkey: The Stories behind America's Favorite Expressions』 (New York: Prometheus Books, 2008), p.48.

10) Raul S. Manglapus, 『Will of the People: Original Democracy in Non-Western Societies』 (New York: Greenwood Press, 1987), p.35.

11) 배명복, 「베팅을 요구하기 전에」, 『중앙일보』, 2013년 12월 10일.

12) Christine Ammer, 『The Facts on File Dictionary of Cliches』(New York: Checkmark Books, 2001), p.5.

13) 임귀열, 「[임귀열 영어] Betrayal is~(배신은)」, 『한국일보』, 2011년 9월 1일.

14) 래리 사모바(Larry A. Samovar) & 리처드 포터(Richard E. Porter), 정현숙 외 옮김, 『문화 간 커뮤니케이션』(커뮤니케이션북스, 2004/2007), 421쪽.

15) Jordan Almond, 『Dictionary of Word Origins: A History of the Words, Expressions, and Cliches We Use』(Secaucus, NJ: Citadel Press, 1997), p.33; 『엣센스 영한사전』, 제6정판(민중서림, 1995), 269쪽.

16) Ambrose Bierce, 『The Devil's Dictionary』(New York: Bloomsbury, 1906/2008), p.12; 앰

브로즈 비어스, 『악마의 사전』(이른아침, 1906/2005), 22쪽.

17) Christine Ammer, 『The Facts on File Dictionary of Cliches』(New York: Checkmark Books, 2001), p.34.

18) 임귀열, 「[임귀열 영어] A light heart lives long(걱정없이 살아야 장수한다)」, 『한국일보』, 2012년 1월 25일.

19) 『엣센스 영한사전』, 제6정판(민중서림, 1995), 313쪽.

20) Gary Donaldson, ed., 『Modern America: A Documentary History of the Nation Since 1945』(Armonk, NY: M.E.Sharpe, 2007), p.293.

21) Susan Sontag, 『Against Interpretation』(New York: Dell, 1966), p.303.

22) 황은주, 「권태와 폭력성에 관한 연구」, 몸문화연구소 엮음, 『권태: 지루함의 아나토미』(자음과모음, 2013), 134쪽.

23) 백선엽, 『미국 20대가 가장 많이 쓰는 영어 BOX』(넥서스, 1999), 22쪽; 『엣센스 영한사전』, 제6정판(민중서림, 1995), 343쪽.

24) 『엣센스 영한사전』, 제6정판(민중서림, 1995), 351쪽.

25) Daniel J. Boorstin, 「Democracy's Secret Virtue」, 『U. S. News & World Report』, January 6, 1986a, pp.22~25.

C

1) Ambrose Bierce, 『The Devil's Dictionary』(New York: Bloomsbury, 1906/2008), p.16; 앰브로즈 비어스, 『악마의 사전』(이른아침, 1906/2005), 73쪽.

2) 「Andrea Bocelli」, 『Current Biography』, 63:1(January 2002), p.9.

3) 「Geinier, Lani」, 『Current Biography』, 65:1(January), p.19.

4) Donald T. Phillips, 『Lincoln on Leadership: Executive Strategies for Tough Times』(New York: Warner Books, 1992), p.14.

5) Jeremy Rifkin, 『The European Dream』(New York: Jeremy P. Tarcher/Penguin, 2004), p.73; 제러미 리프킨, 이원기 옮김, 『유러피언 드림: 아메리칸 드림의 몰락과 세계의 미래』(민음사, 2004/2005), 100쪽.

6) 리처드 스텐걸(Richard Stengel), 임정근 옮김, 『아부의 기술: 전략적인 찬사, 아부에 대한 모든 것』(참솔, 2000/2006), 309~310쪽.

7) Christine Ammer, 『The Facts on File Dictionary of Cliches』(New York: Checkmark Books, 2001), p.61.

8) 하야시 노부유키, 김정환 옮김, 『스티브 잡스의 명언 50』(스펙트럼북스, 2009/2010), 74~75쪽.

9) Marvin Terban, 『Scholastic Dictionary of Idioms』(New York: Scholastic, 1996), p.14.

10) Neil Ewart, 『Everyday Phrases: Their Origins and Meanings』(Poole · Dorset, UK: Blandford Press, 1983), pp.39~40; 『시사영어사/랜덤하우스 영한대사전』(시사영어사, 1991), 413쪽.

11) Bob Dole, 『Great Presidential Wit』(New York: Touchstone, 2001), p.63; 밥 돌, 김병찬 옮김, 『대통령의 위트: 조지 워싱턴에서 부시까지』(아테네, 2001/2007), 110쪽.

12) 『시사영어사/랜덤하우스 영한대사전』(시사영어사, 1991), 421쪽.

13) Harry Oliver, 『March Hares and Monkey's Uncles: Origins of the Words and Phrases We Use Every Day』(London: Metro, 2005), pp.200~201.

14) 데즈먼드 모리스(Desmond Morris), 박성규 옮김, 『인간의 친밀한 행동』(지성사, 2003), 139쪽.

15) 임귀열, 「임귀열 영어」, 『한국일보』, 2009년 11월 11일.

16) 임귀열, 「[임귀열 영어] One bad apple spoils the bunch(어물전 망신은 꼴뚜기가)」, 『한국일보』, 2011년 6월 1일.

17) 「Condoleezza Rice」, 『Current Biography』, 62:4(April 2001), p.76.

18) 임귀열, 「[임귀열 영어] Attitudes toward World English(세계 영어의 흐름)」, 『한국일보』, 2012년 10월 12일.

19) 김동철, 『자유언론법제연구』(나남, 1987).

20) Saul D. Alinsky, 『Rules for Radicals: A Pragmatic Primer for Realistic Radicals』(New York: Vintage Books, 1971/1989), p.59; 솔 D. 알린스키, 박순성 · 박지우 옮김, 『급진주의자를 위한 규칙: 현실적 급진주의자를 위한 실천적 입문서』(아르케, 1971/2008), 107~108쪽.

21) Eric G. Wilson, 『Against Happiness: In Praise of Melancholy』(New York: Farrar, Straus and Giroux, 2008), pp.5~9.

22) 『Time』, May 11, 2009, p.29.

23) 임귀열, 「임귀열 영어」, 『한국일보』, 2010년 2월 10일.

24) Ambrose Bierce, 『The Devil's Dictionary』(New York: Bloomsbury, 2008), p.51.

25) Ambrose Bierce, 『The Devil's Dictionary』(New York: Bloomsbury, 1906/2008), p.19; 앰브로즈 비어스, 『악마의 사전』(이른아침, 1906/2005), 20쪽.

26) Christine Ammer, 『The Facts on File Dictionary of Cliches』(New York: Checkmark Books, 2001), p.27.

27) Ambrose Bierce, 『The Devil's Dictionary』(New York: Bloomsbury, 1906/2008), p.19; 앰브로즈 비어스, 『악마의 사전』(이른아침, 1906/2005), 42쪽.

28) Murray Edelman, 『Politics as Symbolic Action: Mass Arousal and Quiescence』(Chicago: Markham, 1971), p.45.

29) 「Controversy」, 『Wikipedia』.

30) 임귀열, 「[임귀열 영어] Ignorance is dangerous(무지는 위험하다)」, 『한국일보』, 2011년 11월 2일.

31) 임귀열, 「[임귀열 영어] Convictions of Honor for whom(누구를 위한 원칙인가)」, 『한국일보』, 2012년 10월 17일.

32) Niccolo Machiavelli, 『The Prince and The Discourses』(New York: The Modern Library, 1950), p.166.

33) E. E. Schattschneider, 『The Semi-Sovereign People: A Realist's View of Democracy in America』(New York: Holt, Rinehart and Winston, 1960), p.121.

34) 임귀열, 「[임귀열 영어] Court Quotes(법정에 대한 어록)」, 『한국일보』, 2012년 2월 8일.

35) Ambrose Bierce, 『The Devil's Dictionary』(New York: Bloomsbury, 1906/2008), p.14; 앰브로즈 비어스, 『악마의 사전』(이른아침, 1906/2005), 16쪽.

36) 임귀열, 「임귀열 영어」, 『한국일보』, 2010년 7월 21일.

37) 임귀열, 「[임귀열 영어] Imagination will take you everywhere(상상의 날개)」, 『한국일보』, 2011년 10월 4일.

38) 임귀열, 「임귀열 영어」, 『한국일보』, 2009년 6월 10일.

39) 하워드 민즈(Howard Means), 김용주 옮김, 『콜린 파웰 그를 알면 미국이 보인다』(삼문, 2001), 3쪽.

40) Orin Hargraves, ed., 『New Words』(New York: Oxford University Press, 2004), p.66.

41) 「Obama, Barack」, 『Current Biography』, 66:7(July 2005), p.54.

1) Joseph A. DeVito, 『The Interpersonal Communication Book』 3rd ed. (New York: Harper & Row, 1983), p.171.

2) David Brooks, 『On Paradise Drive』(New York: Simon & Schuster, 2004), p.280; 데이비드 브룩스, 김소희 옮김, 『보보스는 파라다이스에 산다』(리더스북, 2004/2008), 333쪽.

3) 「Ms.」, 『Wikipedia』.

4) 「Default(computer science)」, 『Wikipedia』.

5) 엠 그리핀(Em Griffin), 김동윤 · 오소현 옮김, 『첫눈에 반한 커뮤니케이션 이론』(커뮤니케이션북스, 2012), 84쪽.

6) 임귀열, 「임귀열 영어」, 『한국일보』, 2010년 6월 30일.

7) 「Occupy Wall Street」, 『Wikipedia』.

8) Tal Ben-Shahar, 『Happier: Learn the Secrets to Daily Joy and Lasting Fulfillment』(New York: McGraw-Hill, 2007), p.59; 탈 벤-샤하르, 노혜숙 옮김, 『해피어: 하버드대 행복학 강의』 (위즈덤하우스, 2007), 112쪽.

9) Jay A. Conger, 『The Charismatic Leader: Behind the Mystique of Exceptional Leadership』 (San Francisco, CA: Jossey-Bass Publishers, 1989), p.157.

10) John C. Maxwell, 『Developing the Leaders Around You』(Nashville, Tennessee: Thomas Nelson, 1995).

11) Jordan Almond, 『Dictionary of Word Origins: A History of the Words, Expressions, and Cliches We Use』(Secaucus, NJ: Citadel Press, 1997), p.73; Charles Earle Funk, 『Thereby Hangs a Tale: Stories of Curious Word Origins』(New York: Quill, 2002), p.92.

12) 임귀열, 「임귀열 영어」, 『한국일보』, 2009년 11월 18일.

13) 레오짱, 『스티브 잡스 마법의 명언 120』(지니넷, 2011), 6쪽.

14) Claus Mueller, 『Politics of Communication: A Study in the Political Sociology of Language, Socialization, and Legitimation』(New York: Oxford University Press, 1973), p.113.

15) Marvin Terban, 『Scholastic Dictionary of Idioms』(New York: Scholastic, 1996), p.124; 『엣센스 영한사전』, 제6정판(민중서림, 1995), 708쪽.

16) David Cottrell, 『Listen Up, Leader!: Pay Attention, Improve, and Guide』, 2nd ed.(Dallas, Texas: The WALK THE TALK Co., 2000), p.25.

17) 「despair」, 『Online Etymology Dictionary』; 「desperation」, 『네이버 영어사전』.

18) 에릭 호퍼(Eric Hoffer), 방대수 옮김, 『에릭 호퍼 자서전』(이다미디어, 2003), 165쪽.

19) 임귀열, 「[임귀열 영어] Mercy surpasses justice(관용이 정의보다 낫다)」, 『한국일보』, 2013년 3월 13일.

20) Ronald Steel, 『Walter Lippmann and the American Century』(Boston, Mass.: Little, Brown, 1980), p.172.

21) David Brooks, 『On Paradise Drive』(New York: Simon & Schuster, 2004), p.91; 데이비드 브룩스, 김소희 옮김, 『보보스는 파라다이스에 산다』(리더스북, 2004/2008), 116쪽.

22) Jeremy Rifkin, 『The European Dream』(New York: Jeremy P. Tarcher/Penguin, 2004), p.120; 제러미 리프킨, 이원기 옮김, 『유러피언 드림: 아메리칸 드림의 몰락과 세계의 미래』(민음사, 2004/2005), 157쪽.

23) Reinhold Niebuhr, 『Moral Man and Immoral Society: A Study in Ethics and Politics』(New York: Charles Scribner's Sons, 1932, 1960), p.46.

24) Christine Ammer, 『The Facts on File Dictionary of Cliches』(New York: Checkmark

Books, 2001), p.25; 『엣센스 영한사전』, 제6정판(민중서림, 1995), 250쪽.

25) Christine Ammer, 『The Facts on File Dictionary of Cliches』(New York: Checkmark Books, 2001), p.386; 『엣센스 영한사전』, 제6정판(민중서림, 1995), 729쪽.

26) Tal Ben-Shahar, 『Happier: Learn the Secrets to Daily Joy and Lasting Fulfillment』(New York: McGraw-Hill, 2007), p.44; 탈 벤-샤하르, 노혜숙 옮김, 『해피어: 하버드대 행복학 강의』(위즈덤하우스, 2007), 89쪽.

27) 「Lucas, George」, 『Current Biography』, 63:5(May 2002), p.57.

28) Amanda Williams, 「Having a big desk makes you dishonest: How expensive cars and large chairs breed corruption」, 『Mail Online』, June 25, 2013.

29) 윤희영, 「[윤희영의 News English] 부정직한 인체 공학(The ergonomics of dishonesty)」, 『조선일보』, 2013년 6월 28일.

30) Marvin Terban, 『Scholastic Dictionary of Idioms』(New York: Scholastic, 1996), p.64; Albert Jack, 『Black Sheep and Lame Ducks: The Origins of Even More Phrases We Use Every Day』(New York: Perigree Book, 2007), p.31.

31) 임귀열, 「[임귀열 영어] Confusable Words 2(혼동하기 쉬운 어휘)」, 『한국일보』, 2012년 2월 13일.

32) Barbara Ehrenreich, 『Bright-Sided: How Positive Thinking Is Undermining America』(New York: Picador, 2009), p.113; 바버라 에런라이크(Barbara Ehrenreich), 전미영 옮김, 『긍정의 배신: 긍정적 사고는 어떻게 우리의 발등을 찍는가』(부키, 2009/2011), 161~162쪽.

33) Susan Linn, 『Consuming Kids: The Hostile Takeover of Childhood』(New York: The New Press, 2004), p.179; 수전 린, 김승욱 옮김, 『TV 광고 아이들』(들녘, 2006), 258~259쪽.

34) 「Mike Daisey」, 『Wikipedia』.

35) 전병근, 「美 '개념 배우(마이크 데이지)'의 거짓 르포… '大義'가 변명이 될까?」, 『조선일보』, 2012년 3월 21일.

36) 임귀열, 「[임귀열 영어] Your theory is crazy(당신 얘기는 엉터리)」, 『한국일보』, 2012년 10월 31일.

37) Saul D. Alinsky, 『Rules for Radicals: A Pragmatic Primer for Realistic Radicals』(New York: Vintage Books, 1971/1989), p.4; 솔 D. 알린스키, 박순성 · 박지우 옮김, 『급진주의자를 위한 규칙: 현실적 급진주의자를 위한 실천적 입문서』(아르케, 1971/2008), 41~42쪽.

1) Martin H. Manser, 『Get to the Roots: A Dictionary of Word & Phrase Origins』(New York:

Avon Books, 1990), p.87; Webb Garrison, 『What's in a Word?』(Dallas, TX: Thomas Nelson, 2000), p.187; 『시사영어사/랜덤하우스 영한대사전』(시사영어사, 1991), 706쪽.

2) Ambrose Bierce, 『The Devil's Dictionary』(New York: Bloomsbury, 1906/2008), p.30; 앰브 로즈 비어스, 『악마의 사전』(이른아침, 1906/2005), 33쪽.

3) 빌 브라이슨(Bill Bryson), 정경옥 옮김, 『빌 브라이슨 발칙한 영어산책: 엉뚱하고 발랄한 미국의 거의 모든 역사』(살림, 2009).

4) Christine Ammer, 『The Facts on File Dictionary of Cliches』(New York: Checkmark Books, 2001), pp.113~114.

5) 『엣센스 영한사전』, 제6정판(민중서림, 1995), 221쪽.

6) 데이비드 릭스(David A. Ricks), 이광철 · 이재유 옮김, 『초일류 기업의 비즈니스 대실수』(김영사, 1993/1995), 116쪽.

7) 「Amy Smith」, 『Current Biography』, 66:6(June 2005), p.68.

8) 임귀열, 「[임귀열 영어] Alcohol is public enemy No. 1(음주는 공공의 적)」, 『한국일보』, 2011년 5월 11일.

9) 「Verbatim」, 『Time』, February 9, 2009, p.12.

10) David Shenk, 『Data Smog: Surviving the Information Glut』(New York: HarperEdge, 1997), p.136; 데이비드 솅크, 정태석 · 유홍림 옮김, 『데이터 스모그』(민음사, 2000), 170~171 쪽.

11) 「Fidel Castro」, 『Current Biography』, 62:6(June 2001), p.24.

12) Ambrose Bierce, 『The Devil's Dictionary』(New York: Bloomsbury, 1906/2008), p.34; 앰 브로즈 비어스, 『악마의 사전』(이른아침, 1906/2005), 147쪽.

13) Cooper Lawrence, 『The Cult of Celebrity: What Our Fascination with the Stars Reveals About Us』(Guilford, Conn.: skirt!, 2009), p.14.

14) Orin Hargraves, ed., 『New Words』(New York: Oxford University Press, 2004), p.98; 「Entitlement」, 『Wikipedia』; 『시사영어사/랜덤하우스 영한대사전』(시사영어사, 1991), 745쪽.

15) 이성훈, 「[글로벌 포커스] '대처의 아들' 캐머런 "정부 의존해 살 생각 말라"」, 『조선일보』, 2012년 6월 27일.

16) 임귀열, 「[임귀열 영어] The envious person is a sad person(부러우면 지는 것)」, 『한국일보』, 2013년 4월 17일.

17) 『시사영어사/랜덤하우스 영한대사전』(시사영어사, 1991), 421쪽.

18) 「rapture」, 『네이버 영어사전』.

19) 「Faith」, 『Wikipedia』.

20) Julia Vitullo-Martin & J. Robert Moskin, 『Executive's Book of Quotations』(New York: Oxford University Press, 1994), p.162.

21) Erich Fromm, 『The Art of Loving』(New York: Bantam Books, 1956, 1963), p.106.

22) Jacques Ellul, trans. Konrad Kellen and Jean Lerner, 『Propaganda: The Formation of Men's Attitudes』(New York: Vintage Books, 1962/1973), p.45.

23) Dave Mulcahey, 「Leadership and You」, Thomas Frank & Matt Weiland, eds., 『Commodify Your Dissent: The Business of Culture in the New Gilded Age』(New York: W.W.Norton, 1997), pp.121~122.

24) 임귀열, 「[임귀열 영어] Being Conservative(보수파는)」, 『한국일보』, 2010년 12월 8일.

25) Jack Welch, 『Winning』(New York: Harper, 2005), p.32.

1) Bob Dole, 『Great Presidential Wit』(New York: Touchstone, 2001), p.107; 밥 돌, 김병찬 옮김, 『대통령의 위트: 조지 워싱턴에서 부시까지』(아테네, 2001/2007), 178쪽.

2) 「fabulous」, 『네이버 영어사전』.

3) Erich Fromm, 『The Art of Loving』(New York: Bantam Books, 1956, 1963), p.106.

4) William Morris & Mary Morris, 『Morris Dictionary of Word and Phrase Origins』, 2nd ed.(New York: Harper & Row, 1971), p.214; Daniel J. Boorstin, 『The Image: A Guide to Pseudo-Events in America』(New York: Atheneum, 1961/1964), p.76.

5) Max Cryer, 『Common Phrases』(New York: Skyhorse, 2010), p.96.

6) Charles Earle Funk, 『Heavens to Betsy!: And Other Curious Sayings』(New York: Quill, 1955/2001), p.58.

7) Orin Hargraves, ed., 『New Words』(New York: Oxford University Press, 2004), p.106.

8) Jordan Almond, 『Dictionary of Word Origins: A History of the Words, Expressions, and Cliches We Use』(Secaucus, NJ: Citadel Press, 1997), p.92; 『엣센스 영한사전』, 제6정판(민중서림, 1995), 970쪽.

9) Clay Shirky, 『Here Comes Everybody: How Change Happens When People Come Together』(New York: Penguin Books, 2008/2009), p.274.

10) Charles Earle Funk & Charles Earle Funk, Jr., 『Horsefeathers and Other Curious Words』(New York: Quill, 1958/2002), p.53.

11) Martin H. Manser, 『Get to the Roots: A Dictionary of Word & Phrase Origins』(New York: Avon Books, 1990), p.97.

12) Erich Fromm, 『Escape from Freedom』(New York: Avon Books, 1941/1970), p.151.

13) Christine Ammer, 『The Facts on File Dictionary of Cliches』(New York: Checkmark Books, 2001), p.139; 『엣센스 영한사전』, 제6정판(민중서림, 1995), 1035쪽.

14) 박양우, 『실용영어회화사전』(민중서림, 2001), 855쪽.

15) Saul D. Alinsky, 『Reveille for Radicals』(New York: Vintage Books, 1946/1989), p.47.

16) Christine Ammer, 『The Facts on File Dictionary of Cliches』(New York: Checkmark Books, 2001), p.449; 『시사영어사/랜덤하우스 영한대사전』(시사영어사, 1991), 891쪽.

17) Michael Emery & Edwin Emery, 『The Press and America: An Interpretive History of the Mass Media』, 8th ed.(Boston, Mass.: Allyn and Bacon, 1996).

18) Jordan Almond, 『Dictionary of Word Origins: A History of the Words, Expressions, and Cliches We Use』(Secaucus, NJ: Citadel Press, 1997), p.73; Charles Earle Funk, 『Thereby Hangs a Tale: Stories of Curious Word Origins』(New York: Quill, 2002), p.92.

19) Tal Ben-Shahar, 『Happier: Learn the Secrets to Daily Joy and Lasting Fulfillment』(New York: McGraw-Hill, 2007), p.136; 탈 벤-샤하르, 노혜숙 옮김, 『해피어: 하버드대 행복학 강의』(위즈덤하우스, 2007), 238쪽.

G

1) Marvin Terban, 『Scholastic Dictionary of Idioms』(New York: Scholastic, 1996), p.94; Myron Korach, 『Common Phrases and Where They Come From』, 2nd ed.(Guilford, CT: The Lyons Press, 2008), p.157.

2) 「gambit」, 『네이버 영어사전』.

3) Christine Ammer, 『The Facts on File Dictionary of Cliches』(New York: Checkmark Books, 2001), p.219; 『엣센스 영한사전』, 제6정판(민중서림, 1995), 1087쪽.

4) EBS 3분 영어 제작팀, 『생각하는 영어사전 ing 2』(인물과사상사, 2010), 131쪽.

5) Charles Earle Funk, 『Thereby Hangs a Tale: Stories of Curious Word Origins』(New York: Quill, 2002), pp.132~133; Charles Earle Funk & Charles Earle Funk, Jr., 『Horsefeathers and Other Curious Words』(New York: Quill, 1958/2002), p.209; 『엣센스 영한사전』, 제6정판(민중서림, 1995), 1117쪽.

6) Alvin Toffler, 『Future Shock』(New York: Bantam Books, 1970), p.353.

7) Christine Ammer, 『The Facts on File Dictionary of Cliches』(New York: Checkmark Books, 2001), p.158.

8) William Morris & Mary Morris, 『Morris Dictionary of Word and Phrase Origins』, 2nd ed.(New York: Harper & Row, 1971), p.553.

9) 임귀열, 「임귀열 영어」, 『한국일보』, 2009년 6월 24일.

10) Christine Ammer, 『The Facts on File Dictionary of Cliches』(New York: Checkmark Books, 2001), p.425; 『엣센스 영한사전』, 제6정판(민중서림, 1995), 1144~1145쪽.

11) Christine Ammer, 『The Facts on File Dictionary of Cliches』(New York: Checkmark Books, 2001), pp.122, 399; 『엣센스 영한사전』, 제6정판(민중서림, 1995), 1145쪽.

12) 폴 크루그먼(Paul Krugman), 송철복 옮김, 『대폭로』(세종연구원, 2003); 피터 싱어(Peter Singer), 정연교 옮김, 『이렇게 살아가도 괜찮은가』(세종서적, 1996).

13) Bill Beavis & Richard G. 『McCloskey, Salty Dog Talk: The Nautical Origins of Everyday Expressions』(London: Adlard Coles Nautical, 2007), p.38.

14) Harry Oliver, 『Bees' Knees and Barmy Armies』(London: Metro, 2008), pp.175~176.

15) Nigel Rees, 『Cassell's Dictionary of Word and Phrase Origins』(London: Cassell, 2002), p.112; 『엣센스 영한사전』, 제6정판(민중서림, 1995), 1165쪽.

16) Phil Cousineau, 『Word Catcher』(Berkeley, CA: Viva, 2010), p.144.

17) Jordan Almond, 『Dictionary of Word Origins: A History of the Words, Expressions, and Cliches We Use』(Secaucus, NJ: Citadel Press, 1997), p.113; Webb Garrison, 『What's in a Word?』(Dallas, TX: Thomas Nelson, 2000), p.96.

1) Webb Garrison, 『What's in a Word?』(Dallas, TX: Thomas Nelson, 2000), p.115.

2) 「Hardboiled」, 『Wikipedia』.

3) Charles Earle Funk, 『Heavens to Betsy!: And Other Curious Sayings』(New York: Quill, 1955/2001), p.122.

4) Neil Ewart, 『Everyday Phrases: Their Origins and Meanings』(Poole · Dorset, UK: Blandford Press, 1983), p.70; 『시사영어사/랜덤하우스 영한대사전』(시사영어사, 1991), 1028쪽.

5) David Shenk, 『Data Smog: Surviving the Information Glut』(New York: HarperEdge, 1997), p.136; 데이비드 솅크, 정태석 · 유홍림 옮김, 『데이터 스모그』(민음사, 2000), 171쪽.

6) 이진, 『나는 미국이 딱 절반만 좋다』(북&월드, 2001), 170쪽.

7) EBS 3분 영어 제작팀, 『생각하는 영어사전 ing 2』(인물과사상사, 2010), 131쪽.

8) Georgia Hole, 『The Real McCoy: The True Stories Behind Our Everyday Phrases』(New York: Oxford University Press, 2005), p.83.

9) Daniel Bell, 『The Cultural Contradictions of Capitalism』(New York: Basic Books, 1976), p.17.

10) 로버트 커즈번(Robert Kurzban), 한은경 옮김, 『왜 모든 사람은 '나만 빼고' 위선자인가: 거짓말 심리학』(을유문화사, 2010/2012), 315쪽.

11) Warren G. Bennis, 『Why Leaders Can't Lead: The Unconscious Conspiracy Continues』(San Francisco, CA: Jossey-Bass Publishers, 1989), p.153.

12) Marvin Terban, 『Scholastic Dictionary of Idioms』(New York: Scholastic, 1996), p.22; Christine Ammer, 『The Facts on File Dictionary of Cliches』(New York: Checkmark Books, 2001), p.38.

13) Webb Garrison, 『What's in a Word?』(Dallas, TX: Thomas Nelson, 2000), p.190; 『엣센스 영한사전』, 제6정판(민중서림, 1995), 1296쪽; 『시사영어사/랜덤하우스 영한대사전』(시사영어사, 1991), 1100쪽.

I

1) Joseph N. Cappella & Kathleen Hall Jamieson, 『Spiral of Cynicism: The Press and the Public Good』(New York: Oxford University Press, 1997), pp.25, 246.

2) Albert Jack, 『Red Herrings and White Elephants: The Origins of the Phrases We Use Every Day』(New York: HarperCollins, 2004), p.206.

3) 김영민, 『사랑, 그 환상의 물매』(마음산책, 2004).

4) Saul D. Alinsky, 『Rules for Radicals: A Pragmatic Primer for Realistic Radicals』(New York: Vintage Books, 1971/1989), p.24; 솔 D. 알린스키, 박순성 · 박지우 옮김, 『급진주의자를 위한 규칙: 현실적 급진주의자를 위한 실천적 입문서』(아르케, 1971/2008), 66쪽.

5) EBS 3분 영어 제작팀, 『생각하는 영어사전 ing 2』(인물과사상사, 2010), 155쪽.

6) Bob Dole, 『Great Presidential Wit』(New York: Touchstone, 2001), p.41; 밥 돌, 김병찬 옮김, 『대통령의 위트: 조지 워싱턴에서 부시까지』(아테네, 2001/2007), 74쪽.

7) 로런스 피터(Laurence J. Peter) & 레이먼드 헐(Raymond Hull), 나은영 · 서유진 옮김, 『피터의 원리: 승진할수록 사람들이 무능해지는 이유』(21세기북스, 1996/2009), 23~24쪽; William Morris & Mary Morris, 『Morris Dictionary of Word and Phrase Origins』, 2nd ed.(New York: Harper & Row, 1971), pp.448, 450; 「Peter Principle」, 『Wikipedia』.

8) Scott Collins, 『Crazy Like a Fox: The Inside Story of How Fox News Beat CNN』(New York: Portfolio, 2004), p.34.

9) Jacques Ellul, trans. Konrad Kellen and Jean Lerner, 『Propaganda: The Formation of Men's Attitudes』(New York: Vintage Books, 1962/1973), p.85.

10) Saul D. Alinsky, 『Rules for Radicals: A Pragmatic Primer for Realistic Radicals』(New York:

Vintage Books, 1971/1989), p.128; 솔 D. 알린스키, 박순성 · 박지우 옮김, 『급진주의자를 위한 규칙: 현실적 급진주의자를 위한 실천적 입문서』(아르케, 1971/2008), 196쪽.

11) Tal Ben-Shahar, 『Happier: Learn the Secrets to Daily Joy and Lasting Fulfillment』(New York: McGraw-Hill, 2007), p.158; 탈 벤-샤하르, 노혜숙 옮김, 『해피어: 하버드대 행복학 강의』(위즈덤하우스, 2007), 278쪽.

12) Charles Earle Funk, 『Thereby Hangs a Tale: Stories of Curious Word Origins』(New York: Quill, 2002), p.157; 『엣센스 영한사전』, 제6정판(민중서림, 1995), 1373쪽; Niccolo Machiavelli, 『The Prince and The Discourses』(New York: The Modern Library, 1950).

13) 임귀열, 「[임귀열 영어] Court Quotes(법정에 대한 어록)」, 『한국일보』, 2012년 2월 8일.

14) John Stewart ed., 『Bridges Not Walls: A Book about Interpersonal Communication』(New York: McGraw-Hill, 1995), p.374.

15) Charles Earle Funk, 『Thereby Hangs a Tale: Stories of Curious Word Origins』(New York: Quill, 2002), pp.157~158; Webb Garrison, 『What's in a Word?』(Dallas, TX: Thomas Nelson, 2000), p.97; 『엣센스 영한사전』, 제6정판(민중서림, 1995), 1393쪽; 임귀열, 「임귀열 영어」, 『한국일보』, 2009년 9월 16일.

16) David Brooks, 『On Paradise Drive』(New York: Simon & Schuster, 2004), p.229; 데이비드 브룩스, 김소희 옮김, 『보보스는 파라다이스에 산다』(리더스북, 2004/2008), 273쪽.

17) Warren Bennis & Burt Nanus, 『Leaders: Strategies for Taking Charge』, 2nd ed.(New York: HarperBusiness, 1997), p.185.

1) Christine Ammer, 『The Facts on File Dictionary of Cliches』(New York: Checkmark Books, 2001), p.204; 『시사영어사/랜덤하우스 영한대사전』(시사영어사, 1991), 1211~1212쪽.

2) 임귀열, 「[임귀열 영어] The envious person is a sad person(부러우면 지는 것)」, 『한국일보』, 2013년 4월 17일.

3) 임귀열, 「[임귀열 영어] The envious person is a sad person(부러우면 지는 것)」, 『한국일보』, 2013년 4월 17일.

4) 임귀열, 「[임귀열 영어] Court Quotes (법정에 대한 어록)」, 『한국일보』, 2012년 2월 8일.

K

1) Albert Jack, 『Black Sheep and Lame Ducks: The Origins of Even More Phrases We Use Every Day』(New York: Perigree Book, 2007), p.30; 『엣센스 영한사전』, 제6정판(민중서림, 1995), 1456쪽.

L

1) The Editors of The American Heritage Dictionaries, 『Word Mysteries & Histories』(Boston, Mass.: Houghton Mifflin, 1986), pp.140~141; 『시사영어사/랜덤하우스 영한대사전』(시사영어사, 1991), 1270쪽.

2) 이신영, 「[Cover Story] SNS '텀블러' 창업해 야후에 11억 달러에 판 데이비드 카프」, 『조선일보』, 2014년 1월 11일.

3) Charles Earle Funk, 『Thereby Hangs a Tale: Stories of Curious Word Origins』(New York: Quill, 2002), p.173.

4) 토머스 홉스, 김용환 옮김, 『리바이어던: 국가라는 이름의 괴물』(살림, 2005), 180~181쪽.

5) 임귀열, 「[임귀열 영어] A light heart lives long(걱정 없이 살아야 장수한다)」, 『한국일보』, 2012년 1월 25일.

6) Bob Dole, 『Great Presidential Wit』(New York: Touchstone, 2001), p.202; 밥 돌, 김병찬 옮김, 『대통령의 위트: 조지 워싱턴에서 부시까지』(아테네, 2001/2007), 343쪽.

7) 레오짱, 『스티브 잡스 마법의 명언 120』(지니넷, 2011), 39쪽; 월터 아이작슨(Walter Isaacson), 안진환 옮김, 『스티브 잡스(Steve Jobs)』(민음사, 2011), pp.222~223, 364.

8) EBS 3분 영어 제작팀, 『생각하는 영어사전 ing 2』(인물과사상사, 2010), 167쪽.

M

1) 레오짱, 『스티브 잡스 마법의 명언 120』(지니넷, 2011), 43쪽.

2) Max De Pree, 『Leading Without Power: Finding Hope in Serving Community』(San Francisco, CA: Jossey-Bass, 2003), p.56.

3) Joe Klein, 「Passing the Torch」, 『Time』, November 17, 2008, p.15.

4) 「David Protess」, 『Curent Biography』, 60:10(October 1999), p.46.

5) 임귀열, 「[임귀열 영어] Mercy surpasses justice(관용이 정의보다 낫다)」, 『한국일보』, 2013년 3월 13일.

6) Marvin Terban, 『Scholastic Dictionary of Idioms』(New York: Scholastic, 1996), p.147.

7) Martin H. Manser, 『Get to the Roots: A Dictionary of Word & Phrase Origins』(New York: Avon Books, 1990), p.150.

8) Christine Ammer, 『The Facts on File Dictionary of Cliches』(New York: Checkmark Books, 2001), p.249.

9) 「Florence King」, 『Current Biography』, 67:4(April 2006), p.54.

10) 민중서림 편집국 편, 『엣센스 영한사전』(민중서림, 1995).

11) Martin H. Manser, 『Get to the Roots: A Dictionary of Word & Phrase Origins』(New York: Avon Books, 1990), p.152.

12) 임귀열, 「[임귀열 영어] 독백은 두 번 해도 대화가 아니다(Two monologues do not make a dialogue)」, 『한국일보』, 2011년 5월 18일.

1) Robert W. Fuller, 『Somebodies and Nobodies: Overcoming the Abuse of Ranks』(Gabriola Island, Canada: New Society Publishers, 2003/2004), p.7; 로버트 풀러(Robert W. Fuller), 안종설 옮김, 『신분의 종말: '특별한 자'와 '아무것도 아닌 자'의 경계를 넘어서』(열대림, 2003/2004), 35쪽.

1) Tal Ben-Shahar, 『The Pursuit of Perfect: How to Stop Chasing Perfection and Start Living a Richer, Happier Life』(New York: McGraw Hill, 2009).

2) 「Jonathan Ive」, 『Current Biography』, 67:10(October 2006), p.31.

3) Jeremy Rifkin, 『The European Dream』(New York: Jeremy P. Tarcher/Penguin, 2004), p.315; 제러미 리프킨, 이원기 옮김, 『유러피언 드림: 아메리칸 드림의 몰락과 세계의 미래』(민음사, 2004/2005), 406쪽.

4) 래리 사모바(Larry A. Samovar) & 리처드 포터(Richard E. Porter), 정현숙 외 옮김, 『문화 간 커뮤니케이션』(커뮤니케이션북스, 2004/2007), 373~374쪽.

5) Orin Hargraves, ed., 『New Words』(New York: Oxford University Press, 2004), p.195.

P

1) Martin H. Manser, 『Get to the Roots: A Dictionary of Word & Phrase Origins』(New York: Avon Books, 1990), p.170; Charles Earle Funk, 『Thereby Hangs a Tale: Stories of Curious Word Origins』(New York: Quill, 2002), p.218.

2) William Morris & Mary Morris, 『Morris Dictionary of Word and Phrase Origins』, 2nd ed.(New York: Harper & Row, 1971), p.442.

3) Charles Earle Funk, 『Thereby Hangs a Tale: Stories of Curious Word Origins』(New York: Quill, 2002), pp.218~219.

4) 「Nancy Pelosi」, 『Current Biography』, 64:2(February 2003), p.45.

5) 임귀열, 「[임귀열 영어] Life has a cause(인생은 인과응보의 필연)」, 『한국일보』, 2011년 3월 2일.

6) Ambrose Bierce, 『The Devil's Dictionary』(New York: Bloomsbury, 1906/2008), p.109; 앰 브로즈 비어스, 『악마의 사전』(이른아침, 1906/2005), 164쪽.

7) Erich Fromm, 오제운 역, 『To Have or to Be?(소유냐 존재냐?)』(YBM Si-sa, 1976/1986), 215쪽.

8) 레오짱, 『스티브 잡스 마법의 명언 120』(지니넷, 2011), 68쪽.

9) 「Ricky Martin」, 『Current Biography』, 60:9(September 1999), p.46.

10) Jeremy Rifkin, 『The European Dream』(New York: Jeremy P. Tarcher/Penguin, 2004), p.98; 제러미 리프킨, 이원기 옮김, 『유러피언 드림: 아메리칸 드림의 몰락과 세계의 미래』(민음 사, 2004/2005), 130쪽.

11) Joe Klein, 「Crisis Management」, 『Time』, October 13, 2008, p.15.

12) 레오짱, 『스티브 잡스 마법의 명언 120』(지니넷, 2011), 17쪽.

13) Bob Dole, 『Great Presidential Wit』(New York: Touchstone, 2001), p.162; 밥 돌, 김병찬 옮 김, 『대통령의 위트: 조지 워싱턴에서 부시까지』(아테네, 2001/2007), 272쪽.

14) Donald R. Kinder, 「Diversity and Complexity in American Public Opinion」, Ada W. Finifter ed., 『Political Science: The State of the Discipline』(Washington, D.C.: The American Political Science Association, 1983), p.389.

15) Saul D. Alinsky, 『Reveille for Radicals』(New York: Vintage Books, 1946/1989), p.192.

16) Thomas E. Patterson, 『The Vanishing Voter: Public Involvement in an Age of Uncertainty』 (New York: Vintage Books, 2002), p.64.

17) Murray Edelman, 『Constructing the Political Spectacle』(Chicago: University of Chicago Press, 1988), p.80.

18) E. E. Schattschneider, 『The Semi-Sovereign People: A Realist's View of Democracy in America』(New York: Holt, Rinehart and Winston, 1960), p.124.

19) 숀 코비(Sean Covey), 김경섭·유광태 옮김, 『성공하는 10대들의 7가지 습관』(김영사,

1998/1999), 21쪽.

20) 「proactive」, 『Online Etymology Dictionary』; 「proactive」, 『네이버 영어사전』.

21) Daniel J. Boorstin, 「Democracy's Secret Virtue」, 『U. S. News & World Report』, January 6, 1986a, pp.22~25.

22) Jacques Ellul, trans. Konrad Kellen and Jean Lerner, 『Propaganda: The Formation of Men's Attitudes』(New York: Vintage Books, 1962/1973), p.xvi.

23) 「Propinquity」, 『Wikipedia』.

24) Jacques Ellul, trans. Konrad Kellen and Jean Lerner, 『Propaganda: The Formation of Men's Attitudes』(New York: Vintage Books, 1973), p.124.

25) David Brooks, 『On Paradise Drive』(New York: Simon & Schuster, 2004), p.231; 데이비드 브룩스, 김소희 옮김, 『보보스는 파라다이스에 산다』(리더스북, 2004/2008), 275쪽.

26) David Brooks, 『On Paradise Drive』(New York: Simon & Schuster, 2004), p.118; 데이비드 브룩스, 김소희 옮김, 『보보스는 파라다이스에 산다』(리더스북, 2004/2008), 145쪽.

27) Jeremy Rifkin, 『The European Dream』(New York: Jeremy P. Tarcher/Penguin, 2004), p.310; 제러미 리프킨, 이원기 옮김, 『유러피언 드림: 아메리칸 드림의 몰락과 세계의 미래』(민음사, 2004/2005), 399쪽.

28) The Editors of The American Heritage Dictionaries, 『Word Mysteries & Histories』(Boston, Mass.: Houghton Mifflin, 1986), p.191.

1) Robert W. Fuller, 『Somebodies and Nobodies: Overcoming the Abuse of Ranks』(Gabriola Island, Canada: New Society Publishers, 2003/2004), p.74; 로버트 풀러(Robert W. Fuller), 안종설 옮김, 『신분의 종말: '특별한 자'와 '아무것도 아닌 자'의 경계를 넘어서』(열대림, 2003/2004), 158쪽.

2) Harry Oliver, 『Bees' Knees and Barmy Armies』(London: Metro, 2008), pp.91~92.

3) Andrew Morton, 『Madonna』(New York: St. Martin's Press, 2001), pp.168, 202.

1) Marvin Terban, 『Scholastic Dictionary of Idioms』(New York: Scholastic, 1996), p.189.

2) Samuel P. Huntington, 『The Clash of Civilizations and the Remaking of World Order』(New York: Simon & Schuster, 1996), p.326.

3) 「rapture」, 『네이버 영어사전』.

4) 김호준, 「신진엔 문턱 높은 미 의사당」, 『서울신문』, 1990년 11월 10일, 4면; 백창재, 「정치개혁과 미국 정치제도의 장래」, 미국학연구소 편, 『21세기 미국의 역사적 전망 I: 정치 · 외교 · 환경』(서울대학교출판부, 2001), 3~75쪽.

5) Robert W. Fuller, 『Somebodies and Nobodies: Overcoming the Abuse of Ranks』(Gabriola Island, Canada: New Society Publishers, 2003/2004), p.93.

6) 임귀열, 「[임귀열 영어] Quotes about Religion(종교에 대한 어록)」, 『한국일보』, 2012년 8월 15일.

7) 「Verbatim」, 『Time』, November 24, 2008, p.10.

8) 박양우, 『실용영어회화사전』(민중서림, 2001), 468쪽.

9) David Brooks, 『On Paradise Drive』(New York: Simon & Schuster, 2004), p.92; 데이비드 브룩스, 김소희 옮김, 『보보스는 파라다이스에 산다』(리더스북, 2004/2008), 117쪽.

10) Murray Edelman, 『Political Language: Words That Succeed and Policies That Fail』(New York: Academic Press, 1977), p.134.

11) Laurie Beth Jones, 『Jesus, CEO: Using Ancient Wisdom for Visionary Leadership』(New York: Hyperion, 1995), pp.26~27.

12) Saul D. Alinsky, 『Reveille for Radicals』(New York: Vintage Books, 1946/1989), p.100.

13) 임귀열, 「[임귀열 영어] Mercy surpasses justice(관용이 정의보다 낫다)」, 『한국일보』, 2013년 3월 13일.

14) 임귀열, 「[임귀열 영어] If life deceives you(생활이 그대를 속일지라도)」, 『한국일보』, 2013년 6월 5일.

15) William Morris & Mary Morris, 『Morris Dictionary of Word and Phrase Origins』, 2nd ed.(New York: Harper & Row, 1971), p.541; 『엣센스 영한사전』, 제6정판(민중서림, 1995), 2261쪽.

16) Marvin Terban, 『Scholastic Dictionary of Idioms』(New York: Scholastic, 1996), p.212.

S

1) 『엣센스 영한사전』, 제6정판(민중서림, 1995), 2428쪽.

2) 「savvy」, 『네이버 영어사전』.

3) Bob Dole, 『Great Presidential Wit』(New York: Touchstone, 2001), p.164; 밥 돌, 김병찬 옮김, 『대통령의 위트: 조지 워싱턴에서 부시까지』(아테네, 2001/2007), 275쪽.

4) Bob Dole, 『Great Presidential Wit』(New York: Touchstone, 2001), p.195; 밥 돌, 김병찬 옮김, 『대통령의 위트: 조지 워싱턴에서 부시까지』(아테네, 2001/2007), 333쪽.

5) 임귀열, 「[임귀열 영어] Witty Comebacks and Conversation(재치 있는 응답법)」, 『한국일보』, 2012년 10월 23일.

6) Saul D. Alinsky, 「Afterword to the Vintage Edition」, 『Reveille for Radicals』(New York: Vintage Books, 1946/1989), pp.224~225.

7) Christine Ammer, 『The Facts on File Dictionary of Cliches』(New York: Checkmark Books, 2001), p.1; 『엣센스 영한사전』, 제6정판(민중서림, 1995), 2441~2442쪽.

8) Orin Hargraves, ed., 『New Words』(New York: Oxford University Press, 2004), p.239.

9) Max Cryer, 『Common Phrases』(New York: Skyhorse, 2010), p.27.

10) 임귀열, 「[임귀열 영어] Some Cases of Classic Insults(은근한 모욕 주기)」, 『한국일보』, 2012년 12월 26일.

11) Marvin Terban, 『Scholastic Dictionary of Idioms』(New York: Scholastic, 1996), p.216.

12) Scott Sheperd, 『Who's In Charge?: Attacking the Stress Myth』(Highland City, FL: Rainbow Books, 2003), pp.13~15.

13) Albert Jack, 『Black Sheep and Lame Ducks: The Origins of Even More Phrases We Use Every Day』(New York: Perigree Book, 2007), pp.29~30.

14) 레오짱, 『스티브 잡스 마법의 명언 120』(지니넷, 2011), 20쪽.

15) 「Clinton, Halliary Rodham」, 『Current Biography』, 63:1(January 2002), p.30.

16) Charles Earle Funk & Charles Earle Funk, Jr., 『Horsefeathers and Other Curious Words』(New York: Quill, 1958/2002), p.9; 『엣센스 영한사전』, 제6정판(민중서림, 1995), 2553쪽.

17) Christine Ammer, 『The Facts on File Dictionary of Cliches』(New York: Checkmark Books, 2001), p.379.

18) Warren K. Agee, Philip H. Ault, Edwin Emery, 『Perspectives on Mass Communications』(New York: Harper & Row, 1982), p.22.

19) Christine Ammer, 『The Facts on File Dictionary of Cliches』(New York: Checkmark Books, 2001), pp.144~145, 328; 『엣센스 영한사전』, 제6정판(민중서림, 1995), 2597쪽.

20) Donald T. Phillips, 『Lincoln on Leadership: Executive Strategies for Tough Times』(New York: Warner Books, 1992), p.107.

21) 「Verbatim」, 『Time』, March 2, 2009, p.10.

22) Martin H. Manser, 『Get to the Roots: A Dictionary of Word & Phrase Origins』(New York: Avon Books, 1990), p.219; 진인숙, 『영어 단어와 숙어에 담겨진 이야기』(건국대학교 출판부, 1997), 256쪽.

23) 임귀열, 「임귀열 영어」, 『한국일보』, 2009년 11월 4일.

T

1) 박용상, 『언론과 개인법익: 명예, 신용, 프라이버시 침해의 구제 제도』(조선일보사, 1997), 148~149쪽.

2) Nigel Rees, 『Cassell's Dictionary of Word and Phrase Origins』(London: Cassell, 2002), pp.150~151; Albert Jack, 『Black Sheep and Lame Ducks: The Origins of Even More Phrases We Use Every Day』(New York: Perigree Book, 2007), pp.33~34.

3) James MacGregor Burns, 『Roosevelt: The Lion and the Fox』(New York: Harcourt Brace, 1956).

4) 임귀열, 「임귀열 영어」, 『한국일보』, 2010년 3월 10일.

5) Webb Garrison, 『What's in a Word?』(Dallas, TX: Thomas Nelson, 2000), p.33.

6) 『엣센스 영한사전』, 제6정판(민중서림, 1995), 1320쪽.

7) 「Jean-Paul Gaultier」, 『Current Biography』, 60:1(January 1999), p.15.

8) Robert D. Putnam, 『Bowling Alone: The Collapse and Revival of American Community』(New York: Touchstone Book, 2000), p.336.

U

1) Erich Fromm, 『The Art of Loving』(New York: Bantam Books, 1956, 1963), p.106.

V

1) 데이비드 크로토(David Croteau) & 윌리엄 호인스(William Hoynes), 전석호 옮김, 『미디어 소사이어티: 산업 · 이미지 · 수용자』(사계절, 2001).

2) 민중서림 편집국 편, 『엣센스 영한사전』(민중서림, 1995).

3) 레오짱, 『스티브 잡스 마법의 명언 120』(지니넷, 2011), 97쪽.

4) Ambrose Bierce, 『The Devil's Dictionary』(New York: Bloomsbury, 1906/2008), p.158; 앰브로즈 비어스, 『악마의 사전』(이른아침, 1906/2005), 53쪽.

5) EBS 3분 영어 제작팀, 『생각하는 영어사전 ing 2』(인물과사상사, 2010), 315쪽.

6) 「vulgar」, 『Online Etymology Dictionary』.

1) Christine Ammer, 『The Facts on File Dictionary of Cliches』(New York: Checkmark Books, 2001), p.430.

2) Niccolo Machiavelli, 『The Prince and The Discourses』(New York: The Modern Library, 1950), p.226.

3) 「Hindsight bias」, 『Wikipedia』; 이남석, 『편향: 나도 모르게 빠지는 생각의 함정』(옥당, 2013), 319쪽.

4) EBS 3분 영어 제작팀, 『생각하는 영어사전 ing 2』(인물과사상사, 2010), 62~63쪽.

5) 임귀열, 「임귀열 영어」, 『한국일보』, 2009년 6월 3일.

1) Dorothy Auchter, 『Dictionary of Historical Allusions & Eponyms』(Santa Barbara, CA: ABC-CLIO, 1998), p.281; 『시사영어사/랜덤하우스 영한대사전』(시사영어사, 1991), 2705쪽.